秦史 1 大国崛起

王光波　编著

浙江工商大学出版社
·杭州·

图书在版编目（CIP）数据

秦史/王光波编著.—杭州：浙江工商大学出版社，2022.1（2024.1重印）
（有料更有趣的朝代史/胡岳雷主编）
ISBN 978-7-5178-3861-6

Ⅰ.①秦… Ⅱ.①王… Ⅲ.①中国历史—秦代—通俗读物 Ⅳ.① K233.09

中国版本图书馆 CIP 数据核字（2020）第 083063 号

秦 史
QIN SHI

王光波 编著

责任编辑	张晶晶
封面设计	吕丽梅
责任印制	包建辉
出版发行	浙江工商大学出版社 （杭州市教工路 198 号　邮政编码 310012） （E-mail: zjgsupress@163.com） （网址：http://www.zjgsupress.com） 电话：0571-88904980，88831806（传真）
排　　版	北京东方视点数据技术有限公司
印　　刷	唐山富达印务有限公司
开　　本	787mm×1092mm　1/32
印　　张	28
字　　数	594 千
版 印 次	2022 年 1 月第 1 版　2024 年 1 月第 3 次印刷
书　　号	ISBN 978-7-5178-3861-6
定　　价	198.00 元（全四册）

版权所有　侵权必究
如发现印装质量问题，影响阅读，请和营销与发行中心联系
联系电话　0571-88904970

前　言

从历史的发展进程来看，秦朝是中国历史上第一个真正意义上统一集权的帝国。这是它的缔造者——秦始皇嬴政在中国几千年的历史长河中画下的最为浓重的一笔。古往今来，多少帝王以一人之霸气，集众人之力量，金戈铁马，翻山越海，终将江山尽收眼底，秦始皇便是其中的佼佼者。其傲视天下的气魄和叱咤风云的力量也足以令后人赞叹千年而不止。

一个帝国的诞生绝非一时而起，想要坐拥天下又岂是儿戏之言？秦国的崛起不是个人的崛起，而是一个民族的崛起，是一个民族从奴隶到贵族的成长过程。

传说中，秦人先祖由舜帝赐姓为"嬴"。夏朝末年，费昌去夏归商，败桀于鸣条，其后嬴姓世代为殷商辅臣。商朝末年，周武王伐纣，商军败，嬴氏一族也因此衰弱。到了周穆王时期，造父子孙为周王牧马有功，受封于"秦"。其后秦襄公匡扶周室有功，终于被封为诸侯。

至此为止，秦国图霸天下的大业才正式展开。历经了春秋战国诸侯之间的腥风血雨，中国广袤的大地上即将迎来一个新帝国的诞生，那便是秦朝。公元前221年，秦帝国正式向历史宣告了它的成立。

古人云："以铜为镜可正衣冠，以古为鉴可知兴衰，以人为鉴可以明得失，以史为鉴可以知兴替。"秦朝的兴衰史可以说是一段激荡的洪流，上承春秋战国的兼并和厮杀，下启汉唐的繁华和兴盛。

在这里，我们可以看到春秋战国各诸侯国之间的较量，也可以看到整个华夏民族的生活群像。在这段跌宕起伏的历史中，无论是骨肉相残之痛，还是权宦迭起之恨，抑或是流寇殃民之伤，都让人心潮澎湃，以至有投身其中的欲望和冲动。在这里，我们可以看到君主间的心术权谋，说客间的连珠妙语，武将间的斗智斗勇。在这幅浩瀚的画卷中，无论是王侯将相，还是谋臣游士，抑或是市井小民，都会因为自己独特的姿态而得以名留青史。

秦帝国的出现开始把古代中国广袤土地上的各种不同文化统一起来，为持续了两千多年的中国封建文明提供了一个模本。正如历史上其他的大帝国一样，秦帝国为实现崛起及在崛起之后保证稳定所付出的努力令后人津津乐道。

在政治方面，为了保证至高无上的皇权，秦始皇将经济、行政、军事等一切权力都收归己有，在中央推行集权制，在地方推行郡县制；在社会经济方面，统一度量衡，统一货币，修驰道，使车同轨，在地方上施行土地私有制；在文化方面，将小篆作为标准文字，严禁私学，以吏为师，施行了严酷的思想统治。

创业容易守业难，帝国的形成并不意味着一劳永逸，管理一个偌大机构远比构建它更加具有挑战力。纵然秦始皇为了维持他万世不竭的帝业付出了巨大的努力，但个人的力量在历史的波澜面前终究是苍白无力的。

因为秦始皇的急政和暴政，秦国的帝业在不久之后就迎来了终结。陈胜、吴广在大泽乡的起义结束了一个充满争议的朝代，同时也开启了一段更加辉煌的历史征程。事实证明，无论怎样恢宏的建筑都经受不住时间的冲刷，在一个王朝跌宕起伏的命运中，充斥的除了刹那间的繁华，更多的是对历史难以掌控的辛酸和无奈。而对于这个王朝的兴盛衰亡，只有深入其中，才能获悉一二。

本书以正史为蓝本，汇集多年来历史学者的研究成果，用轻松的语言进行阐释，将那段波澜壮阔的历史完整全面地呈现出来。在尊重史实的基础上，以风趣幽默而又不失智慧的语言，调侃轻松却不失庄重的语调，讲述大秦过往，用历史事件来展现人性的复杂，透过历史的迷雾，以人性洞察历史，还原历史真相。

目　录

第一章　秦祖西出：耻辱柱下的拼斗

　　背景雄厚的嬴姓 _ 003

　　到大西北去 _ 009

　　赵和秦的故事 _ 015

　　我与西戎有个约会 _ 022

第二章　小户起步：摸着石头也要过河

　　西周到头了 _ 031

　　秦襄公的机会 _ 037

　　为你，我引燃了烽火 _ 043

　　褒姒笑了，西周哭了 _ 050

　　襄公是个暴发户 _ 056

　　继祖之业再奋斗 _ 062

　　秦文公的神话 _ 068

　　秦廷的骚动 _ 074

　　武公德公好榜样 _ 079

　　周廷的震动 _ 085

　　小白同志来了 _ 091

　　宣公以晋为窗 _ 097

第三章　春秋争霸：秦穆公的伟大事业

穆公的霸业 _ 105

由余是个好青年 _ 111

五张羊皮的买卖 _ 117

还记得百里乡的杜氏吗 _ 124

后院起火的邻居 _ 130

晋惠公不是真命天子 _ 136

三百壮士好样的 _ 142

重耳是个潜力股 _ 148

宋襄公的理想国 _ 154

宋襄公你一边站去 _ 161

晋文公爆发了 _ 167

秦晋分道扬镳 _ 174

穆公要出手了 _ 180

孟明视首出兵 _ 186

出师未捷陷囹圄 _ 192

孟明视回家了 _ 198

我来"还恩"了 _ 204

秦穆公是霸者 _ 211

第一章

秦祖西出：耻辱柱下的拼斗

背景雄厚的嬴姓

中国历史的第一个世袭王朝起于夏。夏朝的第一位天子为禹，即今人熟知的大禹，大禹因治水而使夏部落兴起，受舜禅让继帝位，成为华夏众部落的首领。大禹时期，禅让制依然存在，故大禹在临逝前，并不想将帝位传与其子启，而欲传与另外一个叫作皋陶的人，可惜皋陶还没来得及接受大禹的禅让，就先大禹而去。大禹悲痛之余，见皋陶之子伯益亦品德出众，远近闻名，便起了让伯益接续帝位的念头，遂派人请伯益出山。

伯益为了以示谦虚，躲入了乡野，以拒大禹的好意，但根据后来发生的事件可以看出，伯益此举不过是表面功夫而已。而此时大禹的儿子启并不满意父亲的安排，按照后世的嫡长子继承制，启本是王朝的最佳继承人，可是当时尧舜禅让的举动令百姓皆将禅让制视为正统。但启非常不甘心，夏后氏辛苦得来的江山哪能随意让给别人。因此，他趁着伯益躲起来的时候，于大禹病危之际直接将王位接了过来,开启了古代中国"家天下"的传统。

面对启承大禹统治天下的局面,伯益却是另有打算。伯益为皋陶的长子。皋陶者,又名大业。传说颛顼高阳氏的女儿名为女修,女修有一天吞下了一颗玄鸟蛋,于是生下了皋陶。皋陶与尧、舜、禹三人合称"上古四圣",由此足见皋陶在当时的地位。皋陶辅佐了尧、舜、禹三代,到了舜时,当了舜的士师,就是司法长官。舜让皋陶当大法官时,曾对他说:"皋陶,蛮夷猾夏,寇贼奸宄,汝作士,五刑有服,五服三就,五流有宅,五宅三居,惟明克允!"意思大致就是让皋陶严明执法,当一个公正无私的大法官。而皋陶也不负舜的期望,公正执法,成了中国神话中第一个公正的法官。其任职期间创刑、造狱,倡导明刑弼教以化万民,为四千多年来我国各个时期制定、完善、充实各项法律制度奠定了坚实的基础,故在历史上被人们喻为"圣臣"。

与皋陶有关的,还有那只出了名的独角异兽獬豸,形似一只独角羊。据说这是皋陶所养,在皋陶断案时能帮其辨认真伪。因其与法的不解渊源,獬豸成了中国法律的象征。东周时,楚国文王就按照獬豸的模样做了一个帽子,官员们一一模仿,后至秦汉遂成了一个风尚,至于后世执法长官的官服上印有獬豸,那更是常有的事了。獬豸成为法的象征与皋陶有关,也足见皋陶对中国法律文化的影响。有趣的是,为了突出这种贡献,皋陶还被后人描绘成了拥有青绿色皮肤、嘴唇似鸟喙的人,因为这谓之至诚的样貌。

后来禹治水时，皋陶利用法律的手段使大禹的治水过程更加顺畅，在治水的功劳里也有他一份。

皋陶因在律法方面有出色的表现，后又帮助夏禹治水，所以声名在外，因此后面才有禅让皋陶的事件。只是得民心的皋陶得不到天意，他还没接受禅让就死了。皋陶有三个儿子，伯益就是他和少典氏族人女华的长子。

伯益，亦作伯翳、柏翳、柏益、伯鹥，又名大费，禹时的大臣，在大禹治水的浩大工程中做出了巨大的贡献。除此之外，伯益还在大禹继位后，辅佐大禹开垦荒地，教育民众在地势低洼之地种植水稻，还发明了凿井技术。而在政治方面，伯益建议大禹以恩威并举的策略对待当时叛乱的三苗族，大禹接受了他的提议，放弃武力征伐的策略，实行文教德治，终使三苗归顺。另外，据说伯益在其跟随大禹治水时，关注治水队伍所经过的山川水道，以及遇到的珍花异草、奇灵怪兽、异俗趣事，无一不仔细记录下来，成了后来《山海经》的素材。此外，伯益还有一项能力，这项能力虽说不起眼，却成了其后人崛起的机会，那就是畜牧。

伯益有这等功劳，无怪乎大禹要对舜说："非予能成，亦大费为辅。"（《史记·秦本纪》）到了皋陶去世时，大禹为其父皋陶的贡献，也算是给伯益一个奖赏，因此给皋陶的每个儿子都封了姓，次子仲甄封于六（今安徽六安），以偃为姓。皋陶长子就是伯益，大禹令伯益继承了少昊的嬴姓，当了东夷（大概在今山东日照地区）部落联盟的首领。

伯益就是嬴姓人的第一个祖先。不过，嬴姓并非始于伯益。伯益授嬴姓是"继承"，也就是说，嬴姓最早并不是始于伯益，其最早可追溯到五帝时的少昊帝。少昊是东夷部落联盟的首领，因其即位之日，有五凤从东方飞来，集合到了少昊帝的宫廷上，故其以凤鸟为族神，崇拜凤鸟图腾。后少昊去世，黄帝集团的颛顼替代了少昊在东夷部落的首领权。颛顼就是伯益的先祖。因此，嬴姓最早可追溯到少昊。但若要从血缘角度来说，嬴姓则应归于皋陶一族，只是皋陶之子封姓之后，"偃"姓和"嬴"姓作为凤鸟部族的两大系统分散开来，所以秦后人都以嬴姓伯益为祖。后来，在历史的演化中，嬴姓部族逐渐分化出十四个氏族，分别为廉、徐、江、秦、赵、黄、梁、马、葛、谷、缪、钟、费、瞿，这也就是历史上所称的"嬴姓十四氏"，而秦国秦人是属于赵氏和秦氏这两支，当然，这是后话。

伯益作为颛顼和皋陶的后代，其母亲属于少典氏，"黄帝者，少典之子"（《史记·五帝本纪》），可见少典氏在当时也算是望族。其祖母女修属于高阳氏，高阳氏是黄帝之孙，和少典氏有得一拼。由此看来，秦人祖先的背景是雄厚的。而皋陶作为伯益之父，以法律名显于中国文明的历史，若以瑞士心理学家荣格的集体无意识看来，这还真有点意思，毕竟秦国以法治国，以法强国，就是到了秦帝国时，嬴政也不差苛政重法，这多少有点遗传自祖先吧。当然，这只是趣说，法律本是治国根本，无所谓归于何人何族，只是我们从中多少看到了秦人的刚毅。皋陶作为法律的代言人，却也从未放弃过对于道德的追崇，对此儒家经典中有语：舜有天下，选于众，举皋陶，不仁者远矣（《论语·滕文公上》）。而关于这一点，秦人却继承得少了，也由此成了秦帝国永久的痛。

这就是秦人那背景雄厚的祖先，当然，秦人祖先一直都不是以身份显名于历史，最主要的，还是他们那过人的能力。皋陶和伯益对中华文明的贡献只怕不在禹之下。不过，背景雄厚易受人妒忌。当时，为了争夺大禹继承人的位子，伯益所率领的东夷部落联盟还曾因此与夏启进行了一场恶斗。

按当时的禅让制，伯益继位是理所当然的，这从当时的一个事件上也可看出。当时，启继承了禹的位置，遂在钧台（今河南禹县南）大会各地部落联盟首领。可是启的继位受人质疑。一个名为有扈氏的部族，就因启破坏了禅让制的传统，而拒绝出席钧台之会。启是个有能力的人，他敢继承禹的位置，自然料到会遭到反对。所以对于这一点，他毫不迟疑地亮出了他的兵器，因此"启伐之，大战于甘"（《史记·夏本纪》）。战争的结果是有扈氏大败，族众从此沦为牧奴。

夏启借这场战争向天下人表明：天下归启，禅让制已经成为历史。这种行径传到了伯益的耳里，伯益就继位问题向启递交了挑战书。因此，夏启集结了军队，往东夷之地进发，以应战伯益。

关于战争的经过，因夏朝历史过于久远而没有记载，其结果却是明确的。夏启与伯益率领的东夷部落联盟的战争，终以伯益的失败告终。

伯益在这场争夺继承人的战争中失败了，其人被杀，其族人将其葬于天台山上。这次夷夏之争的规模非常大，所造成的损失也异常惨烈。东夷地区在此前延续了几千年的文明，在华夏部族的大肆摧毁下几近灭亡。1934年，考古学家于山东日照市境内挖掘出的尧王城遗址，便是当时巨大破坏的证据。

不管东夷部族败得如何，嬴人仍在火中重生，如其图腾的凤鸟，以涅槃的气势席卷而来，终有一天在古代中国的西部翱翔而起，并在中国大地上响起了震撼的鸣声。

到大西北去

伯益在华夏众部落领导权的争夺上输给了夏启，丢掉了性命，整个东夷部落的文明也因此被夏启的王师烧毁殆尽。现代的考古表明，伯益此次的失利将日照地区推进了一个长时间的荒凉局面，而这种衰败的局面直到几百年后的夏朝末期才有所起色。

嬴姓族人将伯益的尸体安葬在天台山后，望着呛鼻的黑烟如帷幕一般轻轻飘起，满天冲撞的灰屑在偌大的空间里寻找着躺卧的栖息地。整个大地除了黑色的帷幕和那偶尔翻白的飘舞着的灰烬，只剩夏人胜利后的嚣张音浪，还有那嬴人大痛过后的无力抽泣。

嬴人的家没了，但是嬴人还在。在家族灭亡之后，嬴人很快调整了情绪，要生存下去就不能对天屈服，嬴人给自己这样一个生存信条，迫使着他们再去重建天地。

这种根植于人类基因的生存动力使得嬴人在华夏大地上努

力地另辟生存地。或许在另寻住所的时候，嬴姓部族之间存在着相左的意见。这种民族迁移的历程本就无法追根溯源，后人只能在现有的遗留文献和后世考古中发现一些蛛丝马迹，从中可以得知，在嬴姓部族失利后，其中一支仍然留在了现山东地区，而另一支则渡过淮河往南发展，还有一支则选择西行，这支西行的嬴姓族人就形成了后来的秦人。《史记》里就这事也有说起，说伯益其"子孙或在中国，或在夷狄"，夷狄也就是古代中国西北方少数民族的统称。后来秦人在西北建立政权时仍不忘故土，凡有墓葬，头均朝向东方，另者，对故土的认可或许也成了后来秦皇东巡的动因之一。

从山东日照地区迁移到西北地区，大概算起来从今天山东省到甘肃省，这之间的路程大概一千五百公里，这岂是几十匹马所能承受的？我们已经无法重现当时迁移的场景，但从迁移的里程，加之当时的环境来看，秦人这次西迁一定经历了艰难险阻。当然，这种长距离的迁移自然不是一蹴而就的，秦人在这次迁移中难免停停走走，经历几世几代。但可以确定的是，他们几乎不可能在迁移中定居。因此，秦人在长时间的漂泊中，发展起来的自然不会是定居生活的农业文明，而是一种四处游荡的游牧文明。从这点看，秦人的迁移对其后的崛起还真有点贡献，因为畜牧在其后将成为秦人发展的一个机遇。

在秦人西迁的同时，如流水般的时间带走了夏启，带走了昔时众部落首领对夏启攻伐伯益的不满和赞叹，也带走了由大禹带来的整个王朝。在纪年得以清晰的时候,约公元前1600年,商部落在其子孙汤的时代得到了发展,商由此代替了夏,成了中国文明的第二个世袭王朝。

在《史记》里有说,伯益有一个玄孙名费昌,继承了伯益所领的部落联盟首领的位置。在费昌即位之时,夏王朝走到了它的尽头。此时的夏正处于最后一个君主夏桀当政之时。夏桀是中国历史上出了名的暴君,在他当政时,可谓昏君佞臣当道,广大民众处于水深火热之中,他们对天痛斥:"时日曷丧,予及女偕亡!"(《史记·殷本纪》)意思就是说:太阳什么时候才能灭亡啊?我愿意和你同归于尽!在当时的社会,群众的愤怒无法得到合理的宣泄,而起义的概念还没有形成,因此面对这种腐败的政治,群众只能盼望一个有能力的领导者来解救他们。

夏王朝的政治混乱逼走了众多清廉的部属,费昌就是其中之一。费昌看着自暴自弃的夏王朝,明白它已经走到了尽头。而就在这个时候,华夏大地上的另一个部落商部落已经发展壮大了,在这种情况下,费昌只得叛离夏朝,归顺了商。商在汤的领导下在鸣条大战夏桀,鸣条一役终使得夏王朝就此消失于中国的大地上。

关于鸣条之战,《史记》里有写:"费昌'为汤御,以败桀于鸣条。'"有人说这里的"为汤御"可能指在这场战争中,费昌当了先锋,大败夏桀。只是费昌没这个本事,"为汤御"更有可能指费昌在这场战争中充任商汤的司机。不管是先锋还是司机,费昌在灭夏行动中一定出了不小力气，因此费昌的子孙也随着他的职位，世代当了商王的专用司机，而嬴姓的这个分支在殷商也因此"遂世有功，以佐殷国，故嬴姓多显，遂为诸侯"（《史记·秦本纪》）。后到了中潏这个人时，商王令其保卫西垂之地。至于秦人和西垂的关系，由于时代久远，更兼可参考的文献之少，遂成了秦史研究的一个瓶颈。

后来时间又带走了鸣条之战遗留的灰烬，带走了费昌辅佐商汤的功绩，商朝在经过十几代君王的经营后，到了商纣即位的时候了。这商纣同夏桀是一样人物，凭着几点功劳竟自大了起来，内宫里酒池肉林，政治上宠信佞臣。纣王旁边的第一佞臣费仲就是断送商王朝的大罪人之一，除了他之外，还有一个叫作恶来的大臣，同费仲一样背负骂名。《墨子》里面就直接指出了："殷纣染于崇侯、恶来。"

本来商朝灭亡和秦人关系不大，但有了这个恶来，结果就不一样。

"中潏生蜚廉，蜚廉生恶来"（《史记·秦本纪》），恶来就是中潏的孙子，也就是伯益、费昌的后人，想秦人在此前都有英名，如何到了恶来这一辈，竟成了后人谴责的佞臣？

恶来的父亲叫蜚廉，也作飞廉。这个飞廉可能来自上古神话中风伯的名字，东汉著名文学家王逸在《楚辞章句》中有注释道："飞廉，风伯也。"而风的一个特征就是来无影去无踪，这也便是飞廉的能力。《史记》里说"飞廉善走"，这个善走普遍理解为跑得快，也就是说飞廉是个飞毛腿。其实，"善走"或可理解为骑术高超，之前就曾强调过秦人的畜牧能力，伯益与动物之间的沟通能力那是受了大禹的赞赏的，这样看来，飞廉驾驭一匹马应该也是驾轻就熟之事。当然，不管这个"善走"是指双脚还是马，这并不妨碍飞廉有能力使得自己在地球表面之间的移动迅速快捷，因了这个能力，飞廉于是当上了纣王的通信员，为纣王传报一些紧急消息。

再看这个恶来。说到恶来就必须说到另一个人，这个人生在东汉末年，就是曹操旁边那个大名鼎鼎的大将典韦。熟悉典韦的人都知道他有一个外号，这可是曹操对他很高的一个评价，叫作"古之恶来"。将典韦比成恶来，唯才是举的曹操当然没在乎典韦的为人，他这一个称赞让别人知道的无非是他这个大将典韦是个力大无穷的猛士。《史记》里说"恶来有力"，是个出了名的大力士。因为这个能力，恶来也就当了商纣王的保镖。

这样看来，飞廉和恶来也算是两个有能力的人，令人遗憾的是，二人是空有一身武力，却没有头脑。因此两个人都死死地跟着商纣王作乱朝纲，难怪父子俩凑合到一起，落下了千古骂名。

公元前1046年，殷商在纣王这里也走到了尽头，如同当年商汤对桀一样，以姬发为代表的周人领导的诸侯联军开到了牧野。在牧野一战中，纣王终因人心向背而惨败，商王朝自此随夏王朝一样埋进了历史的尘埃，天下再次易主，周王朝开始在历史上谱写下它的辉煌与衰败。

历史的循环并没有带来氏族的类似命运，与先祖费昌不同，飞廉和恶来终因其"助纣为虐"的恶名而难逃一死。恶来随同纣王死在了牧野之战里，而关于飞廉，另有一段有趣的记载。记载说在牧野之战前，飞廉作为商朝的使者出使北方，等到飞廉回朝后，纣王已经同商朝一起退出了历史的舞台，这下飞廉可找不到人禀报他的出使情况了。最后飞廉只得来到霍太山，在那边筑起了祭坛，向远在云里的纣王做出了报告。在这次祭奠中，飞廉发现了一副石棺，石棺上刻着几行字："帝令处父不与殷乱，赐尔石棺以华氏。"（《史记·秦本纪》）这句话是说，上帝因飞廉没有参与殷商之乱，特赐他一副石棺来光耀他的后代。

石棺之说当然是神话，可以因此演绎开来的情节也必然多种多样。但无论事实如何，这个故事中都可以说明飞廉作为纣王的大臣，对主公的尽忠还是很到位的。有谓"受人托力尽其能，为人谋力尽其忠"，飞廉的错误或许只是选择错了君王。

秦人先祖在纣王这一世走得不那么顺当。后来，随着周王朝在中国开始了它的历史，秦人也随时寻找着露脸的机会。

赵和秦的故事

司马迁说过，秦王室一族其正确的姓氏属于嬴姓赵氏，那么这个赵氏是如何来的呢？另外，关于我们对飞廉后人最为经常的称呼——"秦人"，这"秦"字又是来自哪里呢？这就要从嬴姓一族中关于"赵"和"秦"这两个氏的起源说起了。

就在周武王姬发于牧野大战殷纣后，天下也就随着换了个姓，周朝从此在古代中国确立起了它的权威。而殷呢？除了在周建立不久后，不死心地发动了一场武庚之乱，基本上陷入了沉寂。

当时跟着殷沉沦的嬴人又怎么样了呢？很不幸，在武庚发动叛乱的时候，居于山东一带的嬴姓也跟着起哄了一下，其结果是周公平叛后，这部分嬴姓部族被赶到了大西北，和原本就生活在那里的飞廉一支住在一起，杂居于戎、狄民族之间。这部分嬴姓在被押往西方的途中，有的偷偷逃掉，就地定居，建立了后来的黄、江、葛等小国，嬴姓十四氏也就这样繁衍开了。

幸运的是，在隔了几代后，嬴人非但没有像殷人那样逐渐远离历史，反而慢慢地接近了历史的中心。

历史记载到了造父这一代。真正使"赵"成为姓氏的人便是造父。造父有一个祖父叫作孟增，是飞廉的孙子。《史记》里说孟增"幸于周成王，是为宅皋狼"。皋狼是一个古地名，属战国时期赵国的领地。费昌见幸于商之后，孟增也在周朝找到了他的伯乐，为秦人后来活跃于周朝把握了一分政治机会。

造父出生时，经过几代国君的努力，周朝已经成了一个国力雄厚的兴盛大国，史载"成康之际，天下安宁，刑措四十年不用"，大有路不拾遗、夜不闭户的清明景象。到了周昭王这一代，周昭王不再满足于现有的国土，于是打算扩张。但周朝开辟疆土的人并不仅是周昭王，还有他的儿子姬满。这个姬满就是我们所熟知的有为君王，那个一生充满着传奇色彩的君王——周穆王。

周穆王在位时，造父正跟着泰豆氏学习驾车之术。泰豆氏是传说中的善驭之人，见于《列子·汤问》里："造父之师曰泰豆氏。"学了几年后，师傅的教导、自己的天赋和勤恳遂使得造父成了驾车高手。后来造父在桃林一带得到了八匹骏马，这八匹骏马的名字分别叫作赤骥、盗骊、白义、逾轮、山子、渠黄、骅骝、绿耳。当然骏马也得靠养，造父用他在祖辈和泰豆氏那里学到的驯养能力，将八匹马驯养得强壮异常，跑起来如电光石火，一日千里。养马千日，用在一时，这八匹马当然是养来献给君王的，造父相信周穆王一定会爱死他驯养出来的这些坐骑。果不其然，周穆王得到这些骏马后，大喜，经常骑着它们出外打猎、游玩。当然，造父也因此得到他御用司机的位子。

周穆王不仅用八匹神马来玩乐，也靠着它们开始了他的征讨生涯。周穆王十七年（前950），八匹神马带着周穆王一群人浩浩荡荡往西进发，最后在西土（约今甘肃新疆一带）见到了西王母，留下了两人相见甚欢诗歌唱和的美好传说。就在周穆王与西王母相见恨晚的欢乐中，都城那边忽然传来了东夷小国徐国侵扰国都的消息。徐国一直是周朝的心头之患。当年武庚之乱中，徐氏也掺了一脚，直到昭王时徐国仍然不服于周朝。至于徐氏的祖先，可追溯到禹时的一个叫作嬴若木的人。嬴若木，嬴姓，他的父亲就是造父的一个先祖伯益。后嬴若木封于徐国，后人才以徐为氏。

徐国到了徐偃王这一世，据说徐偃王是个仁义之君，爱民如子，友好周围的众诸侯。仁义向来是个很好的政治手段，徐偃王因为他的仁义，得到了百姓和诸侯的拥戴，因此东夷一带的诸侯国都倾向了徐偃王。徐偃王有那么多政治筹码，开始不安分了，这不，趁着周穆王往西发展的时候，徐偃王就开始在他背后搞起了骚扰。

周穆王一听徐偃王来抢他的王位，想到自己将士兵全领到了西方，不免慌乱了起来：这可怎么办？国都空虚，只怕周朝要失在他周穆王的手里了。

不幸如周穆王，遇到了一个嬴姓徐氏的敌人。同时，幸运如周穆王，遇到了另一个嬴姓的朋友，这就是负责周穆王的坐骑的造父。同为嬴姓，这样看来，造父和徐氏几百年前还真是一家。可是造父虽说和徐氏能互相称兄道弟，但他好歹也还叫着周穆王主子。所以造父当然没去翻阅族谱来拉拢远亲，在周王朝强盛的情况下，造父明白，最实际的还是认主。因此就在周穆王得到消息而显得慌乱后，造父看他如此紧急，急忙叫他镇定下来，提醒他尽早用造父献上的坐骑出发，说不定能在徐偃王之前赶回国都。

周穆王也明白迟疑无用，立即令造父扬起他的马鞭，将周朝的安危都系在了这一条飞舞的鞭子上。造父重任在身，一刻也不敢停止，立即拿出他多年练就的驭术，使其座下的神马如得风助，日夜不停地疾奔，一路上扬尘起风，在回程路上飞起了一道梦幻的黄沙。

最后，因为有了造父的神马和驾驭能力，以及造父那颗耿耿且为主不辞辛劳日夜奔忙的忠心，周穆王得以在情况变得更糟之时赶回都城。徐国军士见周朝士兵有如神兵降临忽然显现，原本以为这是场奇袭，哪知却被造父的神马所破，慌乱之下遂大败于周穆王。周穆王此战大胜，为奖赏造父的大功，因此将赵城封给了造父，造父也因此得到了专属他部族的一个氏——赵氏。

造父封赵后大荫全族。造父是来自飞廉的一个儿子季盛这一支，而飞廉的另一个儿子恶来一支也因为造父受宠而得赵氏。当时恶来的后裔叫作大骆,因造父封赵后来归附他,因此被周穆王封在犬丘(今陕西兴平,一说今甘肃礼县)。因此嬴姓赵氏在当时有两支,一支就是以季盛为祖的赵城赵氏,另一只就是以恶来为祖的犬丘赵氏。而犬丘这一支才是秦国的祖先,造父这支的后人却是日后和秦国争夺霸权的赵国。

这就是嬴姓赵氏的由来。当然,赵氏的来源还有其他的渠道,而不仅仅源自嬴姓,但是这里我们只需要介绍嬴姓赵氏就够了。看到这里,秦王室属于赵氏自然是无疑了。但是对嬴姓赵氏的称呼中,明显"秦"字出现的频率比"赵"还多,这又是为什么呢?

前面说恶来有个后裔叫作大骆,这个大骆有一个小儿子叫作非子。非子明显流着他祖先的纯正血统,和他的祖辈造父一样"好马及畜"(《史记·秦本纪》),因为这个兴趣,长大后非子也成了擅长养马的人。当时非子住在犬丘,城里的人都知道非子的养马能力,因此有人将他推荐给了周孝王。周孝王见非子有如此名气,因此召见了他。在这次会见中,面对周孝王的提问,非子举止大气、对答如流,令周孝王啧啧称奇,最终决定让非子在渭水一带为周王室养马。

非子得到了这个行当后,也欣喜有幸得以为王室效命,因此做事诚诚恳恳,兢兢业业。后在非子精心的养殖下,周王室的马竟一天比一天强壮,而且也繁殖甚多,渐渐排满了渭水之滨。周孝王看到一匹匹体形粗壮、毛发鲜亮的骏马奔驰在大地之上,心中顿起波澜，仿佛自己正驰骋在周王朝的大地上，英勇地巡视着生活在这块土地上的百姓们。这种成就感让他感到了胜利的滋味，因此周孝王对非子好感大增，遂有了立他为大骆继承人的念头。

可是非子是大骆的小儿子，没有个正当理由哪能随意废长立庶？当时周孝王的这个念头就受到了大骆的大儿子成的外祖父申侯的反对。于是周孝王只好另外选择了一个方法，既然不能继承，那就重新封赏，最后周孝王将秦地封给了非子。约公元前900年，非子在秦地建立了一座叫作秦亭（今甘肃清水秦亭镇至张家川一带）的城邑，正式成为周朝的附庸国。

周孝王对非子的奖赏还不仅这些。因为嬴姓经历千百年后，久已失祀，周孝王因此让非子重新祭祀嬴姓，非子也因此有了嬴姓宗主的地位。当时天下有诸嬴共十四氏，因此非子承祀嬴姓宗主的意义足见有多大，看来周孝王对非子的看重非同一般了。也只有到了这个时候，"秦"和"嬴"才有了第一次的结合，因此非子号称"秦嬴"。

说到这里，要真正列入秦国君王第一人的还要算这个非子，因为"秦"因他而生，而秦亭的出现更是日后秦人扩张土地的基础，所以真正的"秦"始于这里，而"秦"的真正奠基者，当数非子无疑。因此后人有诗：大陇西来万岭横，秦亭何处觅荒荆。非子考牧方分土，陇右山川尽姓嬴。

古代有以封地为氏的习惯。这么看来，非子一支当为秦氏。

但或是因为习惯，或是因为赵氏出现在前，从非子到后来的秦王室均以"赵"为姓。而且因其属地为秦，故秦从此成了他们象征性的代号。在秦朝灭亡后，其王族子孙为了纪念这个朝代遂以秦为氏，这就是陕西秦氏的来源。当然，和赵氏一样，秦氏的源头也不仅仅是嬴姓。

"赵"和"秦"的故事便是这样来的，介绍到这里，秦人的先祖追寻之路算是差不多结束了。不过秦国后人的回忆里除了先祖这一段外，还流淌着另一段记忆。这另一段记忆随着秦人在西北驻足后就开始形成了，后来到了非子封秦地时，更加验证了这一段记忆对于秦人是难以割断的。而这一段记忆里有一个令秦人记忆极其深刻的关键词，那便是西戎。

我与西戎有个约会

从秦非子得到秦地以后，到五代之后的秦襄公之时，在这一百多年的时间里，秦人在秦地勤勤恳恳地致力于农牧生产，力争使秦地富饶。然而秦亭地处华夏边缘，资源有限，生产力自然不高，因此非子前几代人的经营可谓惨淡。当然，这都是小事，最令秦人感到困扰的还是与秦相邻的西戎民族。

西戎，也即犬戎，也叫作猃狁，是周朝时华夏人对于西方少数民族的统称。当时周人自称华夏，因此便把华夏四方的民族分别称为东夷、西戎、南蛮、北狄。这在当时当然算是一种蔑称，毕竟华夏自认为四方之王，又较之其他相对野蛮的民族提前进入了文明时代，因此有这种君临天下的优越感也是必然的。华夏民族所以排斥这些"野蛮人"，在部分程度上也是出于这些民族自身的不安分，因为他们对于周王室的权威认可始终处于徘徊的地步，因此在周朝统治时，这四个方向始终都是周朝政权的外患，如之前说到的东夷徐国叛乱。

西戎的危险度相较于东夷来说是有过之而无不及，《说文解字》里有："戎，兵也。"兵也即是武器。《风俗通义》里有更明显的说法："戎者，凶也。"可见戎这个概念对于古人来说有凶残的意义，就是到了唐朝时，大臣柳浑还曾对唐德宗说："戎狄，豺狼也，非盟誓可结。"这种不良印象是经由多年的沉积而形成的牢固经验，事实也是如此，西戎族自黄帝时便成了炎黄族的劲敌，时刻与地处中央的炎黄一族针锋相对。后来周朝新立，西戎为避其锋芒也只好暂时休息。再到了周穆王时，与西戎相安共处的局面已经难以为继，有谓"戎狄不贡"。为解决这个问题，周穆王亲征西戎，结果大胜。西戎一族的性子就如同他们崇拜的图腾——狼犬一般，因此他们虽然被战胜，但并没有乖乖地臣服。在周穆王之后，西周在逐日见衰，最后在周幽王时遂闹成了西戎之乱。

西戎如此活跃，西周王朝的西边自然经常受到其不请自来的侵扰，因此在这种情况下，周朝的众附庸国，谁处于周朝的西边，谁就倒霉。很不幸，非子的秦亭就属于这个倒霉的行列。没办法，自秦人先祖中潏受命防守西垂以来，秦人和西戎的交流就未曾断过。其实当初周孝王封非子秦地，也是有着这样的政治考虑，即秦人长期混杂于西戎民族，与西戎较有来往，令秦人镇守秦地，一来可以防守西戎，二来也或许可以因秦人与西戎之间的亲密关系而令西戎降服。只是周孝王这个计划想得太远了，因为西戎根本不买秦人的账，因此秦人对于在旁狼视的西戎，还是得做好万全准备。

到了公元前878年，周厉王代了周夷王的位子，开始了他的统治历史。周厉王是个残暴昏庸之王，受到了群众的批判，非但不悔改，还用恐吓的方式来堵住了群众的口舌。这样的君王自然得不到民心，因此他的治理引起了众多诸侯的反叛。西戎看着中原大乱，也因此趁这个时机开始了又一次的反对王权之路。

西戎乘着西周内乱之时袭击处于犬丘的大骆族人，大骆族人防不胜防，也无力抵抗，遂在西戎入侵之际灭亡。这是大骆的大儿子成的一支，幸好小儿子非子一支还在秦亭诚恳经营，族分两家，才避免了灭族的大祸，不然，后面的秦帝国不知从而说起。

这时非子一支已经经过秦侯、秦公伯而传到了秦仲这一代。当时周宣王替下了无道的周厉王，上位之际便开始了他仿效先祖东征西讨的道路。在对付西戎的战线上，周宣王选择了秦公伯的儿子秦仲，任命其为大夫，令其进攻西戎。

得到任命的秦仲就如同昔日得到养马任务的非子一样大喜，当年非子因养马而得地，因此秦仲明白这是一个千载难逢的好机会，要使秦跻身大诸侯国的行列，就必须得先走好这一步。于是秦仲于周宣王五年（前823）带领起周朝兵马往西戎进发。

可惜秦仲有振兴家族保卫祖国的心，却少了那份力，就在一次和西戎的厮杀中，秦仲不幸战败，身为将领的他也因此被西戎所杀。秦仲虽死，但其死在战场的消息也振奋了他的后代，令其

后代纷纷拿起武器，英勇地杀上战场，为祖报仇。

秦仲有五个儿子，长子名其。周宣王六年（前822），秦仲死于战场，其继任其位，接过了领导秦人的权力，是为秦庄公。秦庄公继位的首要任务当然是困扰已久的西戎问题，不说西戎对秦人先祖的伤害已经到了不可原谅的地步，就是以国为重，也要遵循周宣王施威于四方的用武命令，所以秦庄公继位不久后也开始了他的征讨西戎之路。

秦仲的后人同仇敌忾，在秦庄公准备出发之时，他的四个兄弟纷纷站出来支持他。就这样，五个兄弟带领着七千兵马，满溢出一股为家复仇的气概，这次他们誓要西戎败亡，像当初西戎灭掉大骆族人以及杀死秦仲一样。

秦庄公大军来到西戎所在地，一阵厮杀过后，西戎的野蛮也战胜不了秦人此时的愤怒，因此西戎战士纷纷落败，一个接着一个逃亡。秦庄公在对抗西戎上取得巨大的胜利，非但为秦人争回了颜面，也为周宣王的历史功绩贡献了一个令人欣喜的消息。周宣王因此大喜，封秦庄公为西垂大夫，并将原来大骆一支所居的犬丘之地赐给了他。秦人所领之地遂有所增大，为日后的开拓疆土开始了一个小小的起步。

秦庄公此次胜利，当然不代表着一劳永逸。西戎人反复无常，这次秦庄公给他们的打击称其量不过是一场小风暴而已，因此秦庄公的这场胜利非但没有令西戎惧而退缩，相反地，这更激起了他们心里的血性，他们一定要和周王朝决一死战。面对西戎越战越勇的蛮力，周宣王只好亲征。最后西戎虽勇，但在周王朝大军的压迫下也不得不战败而走。

西戎在与中原大国的争夺中虽然始终无法居于赢面，但其如狼般的野性以及如蟑螂般顽强的生命力使其成了历代中央王朝的隐患。以坚定信念蛮拼的西戎一族具有足以令人生畏的战斗力。这种血性在西戎和秦人的战斗中无疑传染给了秦人。西戎人那如狼的亮眸，那浑身燃烧着斗志的躯体，以及那骨子里无比倔强的灵魂，都足以使秦人震撼。这是一个脱离野蛮进入文明的人所容易缺失的素质。因此秦人在一面传述着西戎人和秦人之间的仇恨的同时，也不忘时刻教训他们的后人：要注意记住西戎人的血性。

自秦仲后，和西戎人正面对战就是秦人的一项重要任务，因此秦庄公几乎将他的一生献在了驱逐西戎上。非但是秦庄公及其兄弟，他们的后代也必须时刻记住他们与西戎的仇。所幸虎父无犬子，秦庄公的长子叫作世父，他曾经因为这份仇恨而放弃了他的继承人身份。当时，在秦庄公将逝时，世父厉声说道："戎杀我大父仲，我非杀戎王则不敢入邑。"世父从此投入了对抗西戎的漫长道路，将继承人的位子让给了他的弟弟。有长子如此，秦庄公当安然而逝。继承秦庄公位子的儿子姓嬴名开，也就是后来显名于历史的秦襄公。

或许世父的这个举动掺杂着其他的政治与私人因素，但它无疑表明当时秦人对于西戎的仇恨之深。在那个时候，似乎灭除西戎就是秦人的首要任务，只有武力才能解开秦人与西戎之间纠缠不清的结。在秦庄公以前，秦人都没有足够的能力去打开这个结，于是这个结越绑越紧，越搅越乱，遂成了秦庄公后人不得不去面对的一个大结。

当然，秦国后人在解开这个结的道路上并没有令他们的先祖失望，他们也很聪明地利用了这一层结来发展自己。所以说，西戎人是秦人的敌人，更是秦人的恩人，这句话到了秦穆公那里将会得到他的实际意义。但是在秦穆公前面，秦人还走了一段路程，而这一段路程才真正将秦从一个地方推上了国的位置。

这一段路程是属于秦襄公的。襄公立国是秦国历史上的一件大事，而促进这件大事发生的根本原因却是西周。西周将机遇送给了秦人，而秦人也毫不客气地接了过去。

第二章

小户起步：摸着石头也要过河

西周到头了

秦国的命运与西周的命运紧紧地联系在一起，因此，作为秦国发展的大背景，西周的衰弱为秦国的前进提供了一种实践上的可能性。

正如所有的国度总会有其衰弱的一天，由周武王兴起的西周终于走到了它的尽头。在公元前9世纪到公元前8世纪这一个不安定的纪年里，西周在几代君王的胡搅下，即将结束它在中国的统治。

西周自周武王姬发于公元前1046年建立，作为古代中国继夏、商之后的第三个一统王朝，周朝也经历了它的崛起期和全盛期。青铜工艺的繁华替我们见证了这一个朝代在经济上的活跃，而经济的活跃来源于政治的安定繁荣，虽然中原四方的少数民族对西周的威胁时刻存在，但因为周朝几代君王和辅政大臣的贤明，局势还是在他们的能力范围之内。

西周的成康之治作为西周的鼎盛期见证于世。当一个国度一旦进入一种安定的阶段，那么它的君王就不甘于坐拥那现有的土地。周昭王在周康王死后成为西周的最高统治者，他望着父辈们将一个江山搞得繁华异常，心底骚动起来。不甘于做一个萧规曹随的小君王，这使得周昭王时刻寻找着一个得以使自己流芳的政策，而这一个想法在后来的用兵上得到了它的实践。

周昭王起兵南征荆楚，亲率大军的他意气风发地来到了江汉地区。三年后，昭王准备还师，然而就在兵渡汉水时，昭王却由于不明不白地溺死于汉水，跟随他的军队也从此淹没在河水猛兽的唾液里。这件事就像是一个预兆，预示着西周在经过成康之治的繁盛后，即将步入另一个历史阶段。

昭王死后，周穆王继位，周穆王的好大喜功比起周昭王有过之而无不及。在周穆王在位期间，周朝军队随着周穆王四方征伐，其结果是朝政松弛，发生了令周穆王意料之外的徐国率九夷侵周这样的事故。经过昭穆时代的对外用兵，西周的实力受到了一定的削弱，这之后处于西北地区的戎狄却有了发展的机会，遂形成了周懿王时期的戎狄交侵局面。周人在此时感受到了四方少数民族的侵扰，不堪其苦，却也无可奈何。后来到了周夷王时已是"王室微，诸侯或不朝，相伐"（《史记·楚世家》）。

如果历史能送给西周一个贤君，在疾病还未陷入太深的时刻及时治疗，说不定也会有恢复的可能。但历史偏偏让一个叫作姬胡的人上位，结果给了残喘的西周一脚，将西周彻底踢进了深渊。

姬胡，有如其名，胡作非为。这样的小混混若是生活于市井，倒也无可厚非，可惜他却生在专属国王的襁褓里，而这也因此成了西周永远的痛。姬胡也就是历史上出名的昏君周厉王。

周厉王在公元前877到前841年在位，在这三十七年间，周厉王做了一个昏君能做的所有事。为了享受，他听从了宠臣荣夷公的耳边语，对百姓横征暴敛，或许是嫌百姓身上的东西太少，还将脑筋动到了贵族的身上。周厉王就这样将从百姓和贵族身上所得的利益"专利"起来，从而形成了王室对社会财富和资源的垄断，也因此使得他和他的爱妃、佞臣们得以过上一种奢侈的完美生活。

在经济上剥削群众的同时，周厉王更是频频对外用兵。即使英伟如汉武帝，贤德如诸葛亮，也毕竟落了个穷兵黩武的骂声，何况他一个昏庸的国王。频繁出兵的结果就是资源的大量浪费，以及和四周民族的关系成了一种彻底的决裂局面，导致外部民族频繁入侵，而对于兵源的要求更是直接剥夺了群众的自由。所有这一切都势必引起群众的不快回响，而一些为大局着想，抑或为群众所苦的官员自然也无法忍受这样一种政治局面。

当时为国着想的大臣看着国都百姓的怨念，又兼之政治的混乱，哪个不为国而急？因此，就在荣夷公得到宠信之时，大臣芮良夫就嗅到了一点不对的味道，他对周厉王说："荣公若用，周必败也。"（《史记·周本纪》）虽是良药但毕竟苦口，昏庸的人是没办法享受到它的功效的。周厉王对芮良夫的进谏听都不听,仍然一味地收取他的"专利"税。

后来事态的严重程度有增无减,百姓对周厉王的痛恨直线而上。这一切都进了大臣召公的眼里,而身为人臣,国难当头,自然是义务在身。于是召公毅然来到周厉王身边,对周厉王说:"民不堪命矣!"(《国语·周语》)百姓已经受不了了,周厉王还要继续这样吗?疾呼如召公,却仍然得不到周厉王的同情,相反的,反倒激起了他的怒气。

周厉王见百姓都在议论咒骂他,怒火攻心,于是找来了卫国的巫师,派他们去监视着老百姓,如有人敢再公开议论或咒骂,那唯一的后果就是杀头。如此残暴,百姓见此,无可奈何,也只好闭上他们的嘴巴,"道路以目"。这样一来就消除百姓的议论了,"可爱"如周厉王是这样想的。只见他唤来召公,高兴地对他说:"吾能弭谤矣,乃不敢言。"(《国语·周语》)这话一出,非但召公,就是一个正常的六岁孩童,只怕也要在心里偷偷地嘲笑这个天真的君王。

召公面对这样的君上,虽有点汗颜,却也不得不再试一把,于是召公只好继续苦口婆心地劝说周厉王。召公此时对周厉王说出了那个著名的"防民之口甚于防川"的政治命题,他劝说周厉王不应该用暴力堵住群众的口,这无异于堵住水流,一旦决口,水势之大势必造成更大范围的伤害。鉴于此,召公建议周厉王应该用疏导的方式,让群众说出他们的不满。召公相信,经过疏导，当如同当初大禹治水，得到有效的结果。

召公为了劝说周厉王回心转意，苦苦挖掘自己的灵感，举出了这样一个形象的例子。可惜文学的力量还是无法感染到周厉王，自以为聪明的周厉王被召公无情地泼了一盆冷水，脸立刻沉了下来，支开烦人的召公。召公虽有心，却也无力再争，只好默默地退下。看来对于周厉王这样的人，说理是行不通的，只能以暴制暴。这种方法虽然有些不文明，但事实证明，这种方法确实有效。

周朝百姓已经无法再忍受周厉王的统治，于是他们与周厉王身边的军队联合起来暴动，直冲入王宫，出现在了周厉王的面前。国人如同债权人一般直逼着周厉王还债。周厉王面对着众叛亲离的局面，双腿一软，只好低下他平时高贵的头。这场暴动之后，周厉王被群众流放到彘地（今山西霍县）去了。

周厉王的胡作非为犹如一记重掌，把本已虚弱的西周王朝打入了更深的黑暗里。西周在此时进入召公和周公的短暂共和时代，到了共和十四年（前828），周厉王在异地悲戚地死去，太子姬静接替他的位子，开始了周宣王的时代。

周宣王是个好君王，在位期间励精图治，对外用兵也取得了一定的胜利，使几近衰败的西周得以扭转颓势重回正常的轨道，历史从此有了"宣王中兴"的时代。只是西周已经病入膏肓，即便是宣王这样贤明的君主，也只能在表面上暂时弥合这些社会裂痕，而难以从根本上治疗周王朝的痼疾。

到了晚年，周宣王也明显有点糊涂的症状了。他在当时干涉了鲁国的内政，用武力强立鲁孝公，引起诸侯的不满。后来更是多次用兵失败。这一切都说明西周已经难以恢复到之前的繁盛，所谓的"宣王中兴"不过是西周历史上的一次回光返照，而在这之后，历史就彻底抛弃了西周。

宣王死了，西周进入了又一个转折点，是复兴还是衰败，这一切全都掌握在下一个君王的手中。但我们不该对自幼生活在宫廷里的纨绔子弟有太多的期望，因为在宣王之后，下一个君王就在西周的土地上上演了一出政治闹剧，而这场闹剧直接造成了西周的终结。这位君王在悲剧性地成了西周的最后一位国王的同时，也成为荒谬的代名词。

这个君王就是周幽王，这场闹剧就是烽火戏诸侯。

西周荒唐至此，有野心的诸侯自然都如虎狼般地在旁环视着。而在这些虎狼中，秦人绷紧的神经毫无示弱之意。他们明白，上天在此刻给了他们一个时机，一旦错失，将难以再得。所幸，天意在背离西周的同时，也青睐了这块小土地上的主人。因为此时，在秦地出现了一个和周厉王、周幽王完全不一样的执政者，这个执政者叫作嬴开，有一天我们将把他叫作秦襄公。

秦襄公的机会

在西北秦人的土地上,寒风击打着石头,一位青年安静地望着远方,眼神有些许迷茫,却又充满坚毅。这个青年在寻找着机会,而机会也总是毫不吝啬地来到他的身旁。

西周在成康之治后,其实力直线下落。宣王虽小小地振作了一回,但终究无力回天。中央的崩落必然导致地方势力的崛起,眼看西周政权混乱,各个诸侯国的长官们无不绷紧他们的神经,企图在这个即将四分五裂的国度里分得一勺羹。而此时,西北的秦地上,秦襄公作为紧盯着西周政权的狼群中的一头,已经准备开始在历史上写下令人注目的一笔。

自得到秦地以来,秦人惨淡经营,盼望着有那么一个翻身的机会。虽然在秦仲以来,秦人对抗西戎能从中央得到一点嘉奖,但这点奖赏毕竟不够,秦人需要的是一个更靠谱的机会,而这个机会能让他们得到的不仅仅是一块小地方。就是这样一种信念支撑着秦人在秦地的奋斗。到了秦襄公时代，西周中央王权衰弱，政局动荡。在一个动荡的时代，草根翻身的可能性成倍地增长。秦襄公明白，秦地之小，若不利用局势，将难以做大。

秦襄公名开，是秦庄公的二儿子。秦庄公长子叫作世父，世父英勇，在其祖父死于西戎之手时，一股愤怒之气顿升胸腔，毅然决然地拿起手中的武器，留下了"戎杀我大父仲，我非杀戎王则不敢入邑"的豪言壮语。世父此句誓言，其豪迈的雄心丝毫不在大汉名将霍去病那句"匈奴未灭，何以家为"之下。有此兄长，便是上天青睐于秦襄公的表现之一，也是上天赐予秦襄公的诸多机会之一。世父离开都城后便专心投入了他的灭戎事业，理所当然地，继承先父位子的权利就移交到了二儿子嬴开的身上。嬴开怀抱着感激兄长的心情，从此开始了他的政治历程。

一方面，襄公即位后，西戎之势强大，仍然时刻威胁着秦的基业之本。另一方面，秦嬴的政治地位也只不过是"大夫"而已，相较于中原有如鲁、齐、卫、晋、燕、宋等各大诸侯国，秦襄公的地位之微弱可见一斑。在弱势的地位上还必须时刻注意外来势力的侵犯，这种处境犹如处于夹缝之中，他在艰苦地寻找着生存之道。

在这种处境中，襄公必须建立自己的一套管理方法。襄公自知势小，而西戎部族势大，若要像父辈们对待他们的方法一样，一概以武力抵挡之，只怕脆弱的身子受不了西戎部族的集体来袭。在这样的考虑下，秦襄公找到了一种方法——和亲。

和亲作为一种政治手段，显然得到了秦人的特别青睐，甚至用来形容这种政治手段的成语"秦晋之好"都来源于秦国的政策。当然，在秦地，实行第一个和亲政策的对象并非晋国，而是西戎。西戎作为一个民族统称，意味着它内部存在着发展程度不一致的各个部族。秦襄公看中了这一点，也随即想到了一个政策：若要在秦地发展，必须拉拢西戎里的大部族。

鉴于西戎大部族在西戎众部族中的影响力，秦人的这一个政策直接给他们带来了三个好处：其一，秦人在拉拢西戎大部族的同时，等于为自己寻找了一个政治靠山，这个政治靠山在秦人与西戎其余部族对抗时，将起到保护秦人的作用。其二，秦人在拉拢西戎大部族的同时，也企图分化西戎内部，使其日后称霸西戎的道路走得更加顺当。其三，秦人在拉拢西戎大部族的同时，得以抽出一定的时间来发展自己的力量，而这一点，就目前而言，无疑是三点中最重要的。

在这样的精心策划下，秦襄公在他刚即位之初，便努力在西戎各部族里寻找着适合的和亲对象。一番搜寻以后，他找到了一个势力足够大的部族，和这个部族的称为丰王的执政者建立了基于联姻的外交关系。这个政治联姻的双方是秦襄公的亲妹妹嬴缪和戎人丰王，丰王见秦襄公亲自献上妹妹，自然也没有拒绝的道理，因此秦襄公的第一步走得很顺当。而秦襄公的这个政策也确实想得十全十美，这一点将在后面的事件中彻底地体现出来，从中也让我们看出了秦襄公作为一个管理者，具有其理应具备的敏锐判断力和战略眼光，以及一种坚毅的实施魄力。

秦襄公二年（前776），戎兵大举入侵秦地，时守卫犬丘之地的将领是发誓代父报仇的世父。戎兵临境，在兵力上见弱的世父自知难以抵挡，但秦人的热血不允许他在任何一场战斗中不战而降。这种血性支撑着世父，他发誓即便到了生命的最后一刻，也要尽全力抗击西戎。在世父精神的感召下，加之浸染在每个秦人身上的野性，使得秦兵在大敌面前临危不惧。他们都有一个共同的坚定决心：城若亡，人亦亡。

在这种精神的支撑下，世父率众奋力抵挡西戎的进犯。可惜，秦人心有余而力不足，他们再次败在了西戎的手下。世父在城破的一刻仍坚持奋战，最终被西戎的士兵所俘。可怜世父，为祖父报仇的豪言尚未实现，就先有步其祖父后尘的危险。

这次败仗对本已式微的秦人是一个沉重的打击。幸好秦襄公英明，他一得知犬丘大败，兄长被俘，便立即请求亲家丰王利用他在西戎的影响力救救世父。丰王毫不费力地救得世父，世父得以免步其父后尘，被西戎放了回去。当然，西戎在对与秦人的关系上的考虑也是世父被放的原因之一。毕竟秦人占据抗击西戎的战略要地，西戎不敢与其结下太深的心结，世父若死，对西戎没有好处，只有坏处，就这一点，西戎也没有杀世父的理由。

这件事情表明了在政局上没有永远的敌人，也没有永远的朋友。秦襄公作为一个合格的政治家，无疑是深谙此道的。另外，交际在这种事情上也实现了它的意义，而秦襄公在这一方面也是足以令人赞赏的。就这样，在秦襄公的和亲政策下，秦人与西戎边打边好，像极了一对小吵小闹的两口子。

秦襄公在对待西戎方面做出了十足的努力，但若没有机遇，无论秦襄公如何努力，只怕也难以施展开手脚。秦襄公的机遇便是——西周在周厉王统治时期早已元气大伤。西周的衰弱并不仅仅是为秦人带来机遇，中原大地上其他老牌诸侯也都对王权虎视眈眈，相较之下，秦襄公作为一个卿大夫级别的新晋官员，要付出的努力无疑要以倍数来计算。

秦襄公明白这点，因此他一上位就采取安抚西戎的政策，从而为自己腾出了时间和空间来争取自身内部的稳定发展。在这段时间里，秦襄公加强了和中央的联系，意在争取秦人在中原大地的威望。在扩展声望的同时，秦襄公也在版图上面做起了功夫。在这方面，他的第一步就是往东进发，占据了汧邑（今陕西陇县）膏腴之地，并迁都于此。汧邑便是陇县，历来是兵家必争之地，自古有"关陕钥匙"的别称，是关中通往西北的主要关隘之一。迁都于此，非但为秦地进一步发展生产提供了土地条件，最重要的还在于此举开始了秦人往东进发的历史，也意味着秦人已经不甘心偏居西北这片荒凉之地，而将眼光放到了东方的中原大地。

在秦襄公的努力下，秦襄公五年（前773），这个新兴的邦国已经开始展露出它的头角，将自己的声望成功地打出了西北戎狄之地，在中原大国间得到了普遍的关注。

秦襄公能做的都做了，这时候他要静待一个时机。他感受到了这个时机的来临，并做好准备用他的一双大手牢牢地抓紧它。事实没令秦襄公失望，没错，这个机会已经来了。公元前781年，周幽王即位，由他制造的政治闹剧"烽火戏诸侯"作为一个导火索，彻底改变了天下的局势，从而使得秦国从一个地方小邦晋升到了与齐、鲁地位等同的诸侯大国。

为你，我引燃了烽火

时间在它的旅程中刚踏入公元前8世纪的头部，一道艳丽的火光照亮了整个中国文明的大地。这道火光似乎在预示着一种骚动的出现，同时，这道火光也作为一种庆祝仪式，为中国大地的某些地方邦国击掌叫好。

周宣王四十六年（前782），西周完成了它的又一次国王交接仪式，姬宫湦在周宣王不安的眼神里，以一种诡异的笑容接过了父亲手中的权杖。我们不知道在交接的彼时，周宣王望着自己可爱的儿子，作何感想，但我们可以肯定的是，在姬宫湦执政的十一年间，短短的十分之一个世纪里，周宣王在地下绝对翘不起他的二郎腿，因为姬宫湦的所作所为，没有令曾经缔造出西周中兴的周宣王感到轻松的理由。

姬宫湦，也就是我们所熟悉的周幽王，据干宝的《搜神记》，周幽王出生在周宣王三十三年（前795）。如此看来，即位在周宣王四十六年（前782）的周幽王还在他的总角之年。这个年纪本当如《诗经》里所言"总角之宴，言笑晏晏"，确实，要求一个还处于天真之年的孩子掌管整个国土，似乎有一种扼杀的嫌疑。但是，周幽王在必须承担巨大责任的同时，他是以得到巨大权力为前提的，正如八岁登基、十四岁掌权的康熙。可是在周幽王对于责任和权力的平衡上，我们却只能这么说：责任上，周幽王是个孩子；权力上，周幽王是个皇帝。

周幽王在登基之时，其顽劣的本性还没来得及显现，上天就先否定了这个君王。周幽王二年（前780），泾、渭、洛三条大河的附近区域"皆震"（《史记·周本纪》），三个地方同时地震，似乎有一种先知的力量已经在为周幽王的上位而呐喊。我们知道，周宣王末年的西周已经几乎走到了它的尽头，周幽王接过的西周早已摇摇欲坠，而在一个几近颓势的国度上再加上三次地震，这实在是雪上加霜，火上浇油。

但地震再强，也震不到周幽王那坚定的心里。周幽王是坚定的，坚定于如一个小孩子般的玩乐，当一个美好的品质沉溺在一种不美好的习惯之中时，这实在令人感到失望。在地震过后，有谓皇帝不急急死太监，当时西周有一位臣子叫作伯阳甫，他为这个地震做出了一个精辟的解释："今三川实震，是阳失其所而填阴也。"（《史记·周本纪》）伯阳甫有他的一个地震理论，他认为天地之气有一定的秩序，如若阴阳两气发生位置颠倒，那便会引起混乱，而阴气被压制时则将引起地震。因此他认为这次的地震是因为阳气调皮，跑出了自己该在的位置，从而压制了阴气。这套理论如到这里为止，倒也还不令人感到恐怖，但接下来伯阳甫继续完善了他的理论："阳失而在阴，川源必塞；源塞，国必亡。"（《史记·周本纪》）国必亡！由地震而引发的亡国论断令世人感到毛骨悚然。

在局势混乱的西周末年，这套理论自有它的现实意义，何况伯阳甫还指出了："昔伊、洛竭而夏亡，河竭而商亡。"（《史记·周本纪》）当初伊水、洛水的干枯导致夏朝灭亡，黄河的干枯则导致了商朝灭亡，这例子一出，似乎真有那么一回事了，于是西周百官无一不感到恐慌。

这时候的周幽王还保持着他坚定的童心，他想，伯阳甫这些人不陪自己玩，自然有愿意陪自己玩的人。当时这个愿意陪周幽王玩的人叫作虢石父。所谓臭味相投，虢石父遇上周幽王后，忽然官运畅通，直升到上卿。当时和虢石父一路的还有司徒祭公、大夫尹球。

当时周朝有一个臣子叫作赵叔带，他看到伯阳甫的理论吓不到周幽王，而幽王更加有恃无恐，让虢石父帮他四处寻找民间美女，这就让他慌了。赵叔带急忙上表劝谏，此举本是忠臣所为，但到了虢石父嘴里却成了乱臣贼子之言，于是周幽王大怒，罢免了赵叔带。

赵叔带被罢免一事引起了大夫褒珦的不满。这褒珦是褒国的君主，他为此而上书周幽王，请他取消对赵叔带的惩罚。褒珦此举无异于自寻死路，惹得周幽王狂怒，非但将褒珦关入牢里，还决定领兵攻伐褒国。

褒国之小，如何抵挡得了王军的征讨？因此，为救出褒珦和平息幽王心中的那把火，褒珦的儿子忽然心生一计——美人计。于是褒氏遂令人四处寻找美女，企图用美女来软化周幽王那颗寂寞的心。而历史就是如此恰巧，在褒国，正好有一个亭亭玉立的邻家少女初长成，彼时正徘徊在溪水岸边，有如杨柳迎风，身姿摇曳。

褒人看到此女如获大宝，立即来到这个女子家里，这才知道了这个女子的父母靠做点小买卖来抚养这个女儿，而这个女儿却不是他们亲生的。就这样，这个女子作为褒国投降西周的贡品，从褒国辗转到了西周朝廷。后来，周人把这个来自褒国的女子唤作褒姒。

周人对于褒姒只知其一，不知其二。据说在夏朝末年，有两条自称为"褒之二君"的龙来到了王宫，在一个木匣子里留下了它们的口水。后来周厉王打开这个匣子，龙涎流出，竟化成了一只黑色的大鳖。这只大鳖爬进王府里，一个小宫女不小心触碰了它，竟于四十年后的宣王年间怀孕而生下一个女婴。恐惧之下，这个女婴被无情地抛弃了。与此同时，一对以卖桑弓弧、箕箭服为生的夫妇正因为宣王年间的一句谣言而踏上了他们的逃亡之路，这句谣言是这样的：檿弧箕服，实亡周国（《国语·郑语》）。在他们的逃亡路上，他们遇见了这个弃婴，于是同病相怜的三个人从此组成了一个家庭。

周宣王明违神旨，却暗合天道，将一个后来成为周幽王心上人的女子送到了这对夫妇手中，由此使得这句童谣在周幽王末年得到了它的印证。

当然，传说太远了，现在最现实的一件事就是，这褒姒是个十足的大美女，所以幽王看得爱不释手，巴不得将她时刻拥在怀里，不离不弃。褒姒受到这种宠幸，似乎有报答周幽王的意味，在刚入周廷一年后，褒姒就为周幽王生了一个王子，周幽王将他取名为伯服。

褒姒是个美女，可惜她不喜欢笑。为了博美人一笑，周幽王绞尽脑汁。他甚至废掉了王后申氏和太子宜臼，让褒姒和伯服来取代他们的位置。可惜这一切都没有让褒姒展露笑颜。正当周幽王为褒姒不笑而烦恼时，他的爱臣虢石父悄悄地来到了他的身边。只见虢石父如同一个智者一般偷偷地塞给了周幽王一个锦囊，周幽王打开一看，笑容瞬间诡异了起来。锦囊上面赫然写着五个大字：烽火戏诸侯。

古代的通信技术不发达，有头脑的统治者就想到了在国家边境上建造起一座座烽火台。台上放置着干柴，如遇战事，就立即点燃干柴，干柴化为烟雾，在空中以各种形状表达着它的慌乱。就这样，一座一座烽火台陆续点燃，讯息也随着这些烟雾传递出去，于是人们就得到了求助的消息。

这就是烽火台的用处。可是在周幽王之前，再聪明的国王都想不到烽火台竟然还有另外一种用处，那就是博心爱的美人一笑。在这一点上面，周幽王的创新能力令他的祖辈们相形见绌。

计划付诸实践，周幽王带着褒姒来到骊山，命令士兵点燃起第一座烽火台。随后，一座接着一座烽火台爆出了它们的光芒，烟雾弥漫，活像几片薄纱在飘舞，天地瞬间动了起来。在一片微微的摇荡之后，忽然四周响起了巨大的马蹄声，灰尘扬起，混杂在烽火的烟雾之中。两片互不相容的帷幕你争我夺，预示着一场地动山摇的到来。

诸侯们各自在国里处理着国事，忽然望见周天子的烽火，立即放下手中的工作，集结士兵，往中央靠拢。待到来到周王朝的门口时，却发现这里安静得像深谷幽林，相比之下，自己更像是入侵的不安分者，顿时感到疑虑和惊讶，你望我我望你，最后也只能抱着一肚子的复杂情绪返回自己的封国。

诸侯们赶来时慌张的表情，随后变为返回时失落的表情，这一切到了褒姒眼里，倒成了一种笑料。周幽王此举成功，褒姒终于露出她的笑容了。在这个笑容下，周幽王瞬间酥软了，可他不知道，被这笑震撼的不仅仅是他一个人，还有千千万万的天下人。所以太史公发话："褒姒不好笑，幽王欲其笑万方，故不笑。"（《史记·周本纪》）

褒姒笑了，天下人却不笑了。这个烽火点燃的不仅仅是褒姒的心，还有生活在周幽王统治下的群众的怒火。

周幽王在不久后即将体味到"烽火戏诸侯"所带来的恶果，而这一个恶果为西周送去一个嫌弃眼神的同时，也给了秦襄公一个暧昧的飞吻。

褒姒笑了，西周哭了

当周幽王在搜尽主意只为让褒姒一笑时，秦襄公正躲在他自己的卧房里，静静地聆听来自东方的消息。当他看到窗外大地呈现的如烟花般的灿烂时，他感到了一种不可遏止的欢乐。

这阵灿烂便是周幽王送给褒姒的礼物，这礼物送出以后，平时冷淡的褒姒也如此时天上的烟花一般灿烂无暇，仿若桃花盛开在脸颊。天下烟花，地上桃花，两相辉映之下，烽火在此时似乎已经失去了它初建时的功用，而彻底成了陪衬美人的装饰道具。周幽王望着如此灿烂的画面，直如一阵春风遁入心底，清新凉爽，幸福甜蜜。奋斗了多时，终于在烽火戏诸侯的时候实现了毕生所愿。

烽火戏诸侯如此有效，幽王因此获得了一个俘获美人心的绝招，反正又不是什么大成本的开销，只需要在想看到褒姒笑的时候，派人往那烽火台一点，方便又廉价，何乐而不为？因此，如获至宝的幽王遂将点燃烽火台当成了他的道具，高兴时就来一次，不高兴时更要来一次。烽火时燃时停，诸侯们也跟着来来回回地奔跑，像一群听人招呼的马匹。如此滥用，烽火已经完全失去了它的内涵。但周幽王不会在意这些，因为只要褒姒笑了，幽王也就幸福地抖了。

不久之后，幽王确实要抖了，而他也即将知道，原来点燃烽火时的颤抖，并非来自美人的柔情，而是埋下了一个源于对灭国的恐惧的兆头。

周幽王自从有了褒姒后，尊贵如王后以及其余妃子瞬间成了废粮一般，难以咀嚼下胃。而在褒姒为幽王生了儿子伯服后，幽王对褒姒的疼爱更是扶摇直上。幽王心想，再没有比提高褒姒地位的做法更能表达他对褒姒的爱了。所以，幽王罢免了当时的王后申氏，让褒姒升上了第一夫人的位置。而子因母贵，伯服也从此代替申后之子宜臼的太子位置。

无故废后，这在挑战先祖规矩的同时也挑战着臣子们的道德底线，周幽王此举确实引来了众多臣子的非议，当时的周太史伯阳就偷偷地为周王朝的朝纲紊乱而叹气。幽王自顾自玩乐，完全不把这些唠唠叨叨的老婆子似的臣子们放在眼里。

此事在其他无关的臣子那里或许还可以得到忍让，但到了当事人申侯这里，就难免引发一场流血的悲剧了。

宜臼被罢免了太子之位后，有一天，当他在花园里玩耍的时候，忽然看见花园里跑进来一只凶猛的老虎。这老虎露出锋利的牙齿，指尖散发出寒气，如一头绝食已久的恶魔，冲着宜臼狂奔过去。面对如此凶残的庞然大物，换了其他孩子，早已吓得呆立在旁，连跑的力气都没了。宜臼虽然年幼，却早已显露出勇者风范。只见他不慌不忙，对着老虎大喊一声，倒吓得老虎一动不动，徘徊不前。此事引起了宜臼和母亲申氏的注意。他们都明白这是幽王的毒计，幽王要想稳定褒姒和伯服的地位，就必须除掉他们两个。考虑到这里，申氏立即带着宜臼逃离了周国，回到了她的娘家申国。

申侯一见申氏回家已知几分，再听申氏抱怨后，顿时怒火中烧，已经有了反叛的念头。恰时，周幽王见申氏逃回申国，又听了虢石父在耳旁火上浇油，也是怒气上升到脑顶，立即准备派兵征讨申国。

申侯听说周幽王已经做好了出兵的准备，明白兵贵神速的他二话不说，立即抢在周幽王出兵之前采取了行动。他联合了当时的另一个诸侯国缯国，只是单仅两个诸侯国难以对抗中央，于是申侯又将眼光放到了西戎人的身上。申国和秦人一样，因长期居住于西北地区，和西戎的关系遂有了一种难解的缘分，于是申侯将西戎拉进了他的反叛队伍里。就这样，一支足以抗衡王廷的叛军队伍形成了。

申侯先发制人，在周幽王还在点兵的时候，立即出兵包围了周朝的都城镐京。西周在周幽王时本已衰弱，此时申侯大兵临近，周幽王竟没有力量可以抵御了，而他的那些宠臣们更没有一个有能力可以将这支军队给打发掉。在这种情况下,烽火台回归了它的本来作用。

周幽王在大军压境之时,急忙派人点燃了烽火台。烽火台一座一座燃起,烟雾呛得整个大地难以呼吸,如同周幽王的心脏,山川大地再也忍受不了这些烟雾的侵扰。消息传了出去,传到了各个诸侯国那里。各国君主得知镐京那边又燃起了烽火,摆了摆手,无奈地说:"看来褒姒又不想笑了。"被欺骗了那么多次的诸侯们,谁还有那个容量去忍受再一次的嘲弄?因此,无论烟雾露出多么狰狞的面孔,诸侯们都无动于衷。当然,西周末年的政治千疮百孔,周幽王的荒诞造成了人心向背,这才是使得烽火台成为虚摆的根本问题。

周幽王慌乱之中,又见无人来援,一面令人加速烽火的燃烧,另一面也盘算着如何逃离这个困境。最后,众叛亲离的周幽王实在找不到一种合适的方法来解救他的国家了。眼见镐京士兵一个个背离自己而去,而犬戎兵却陆续地踏足镐京的大街小巷,周幽王明白这个国度保不住了。当然,保不了国,起码还能保身子,于是周幽王带着褒姒和太子伯服,跟着几个随从,一齐往骊山逃去。

这支队伍跌跌撞撞,好不容易逃到了骊山山麓,本想可以喘口气,没想到一旁忽然杀出了西戎的士兵。戎人凶残,也不顾周幽王的求饶,举起手中的武器,将幽王等人瞬间血刃。至于褒姒的后果,或说被杀,或说被俘,总之,都不是好下场。

到了这里，西周统治中国约两百五十年的路程停在了骊山山麓。周幽王身为历史上的亡国国君之一，其事迹令人感到难以置信，烽火戏诸侯这样的闹剧本身具有十足的荒唐性，没想到竟然活生生地上演了。而褒姒身为西周亡国的罪人之一，就因为她抑郁的心理，从此进入了妹喜、妲己的行列。

幽王已经死在了骊山，诸侯们才得知这次的烽火并非幽王的玩笑，申侯率领西戎进攻镐京的消息也传到了各个诸侯国，诸侯国的君主们这才开始点兵遣将，往镐京进发。当时秦地离镐京不远，静静地关注着东方的秦襄公一听到这个消息，立即出兵援救，由此记下了他对于周朝的头一笔大功。

在镐京大肆掠夺的西戎得知诸侯来临，急忙纵火退兵，留下了一座惨遭摧毁的城池独自瘫坐在中国的大地上。西周的衰亡为秦提供了机遇，襄公明白这个道理，因此他立即坐下来思考如今的整个政局，希望以此做出正确的决策。

当时在丰镐附近，除了秦人的势力以外，还有另外三股势力。其一便是西戎。其二便是代表幽王一党的王子余臣。在幽王和伯服死后，虢公翰迎来了余臣，令其接替幽王的王位，将其立为周王，是为周携王。其三便是旧太子宜臼的势力，宜臼在幽王死后，由申侯联合鲁国、许国等其他有威望的诸侯共尊为王，即位于申，是为周平王。此时天下进入了周二王并立的局面。

在对待这三股势力的问题上，于西戎一方，秦襄公继续他的缓兵之计，以和亲政策来争取时间，而关于该倚向周二王之中的哪一王，这才是秦襄公必须着重考虑的问题。秦襄公有敏锐的政治眼光，他明白周携王不过是苟延残喘的政权，而众诸侯迎立的宜臼才是真正的天命所归，所以最后他把筹码赌在了宜臼身上，而事实也证明了秦襄公确实是个政治天才。

二王并立坚持了几十年，最后以晋国的君王晋文侯弑杀周携王而告终。事实证明，周携王不过是个傀儡，诸侯认可的正统在于平王宜臼一边。秦襄公在这次博弈上放对了筹码，为秦人的发展提供了一个关键性的时刻。

秦襄公倚向周平王一边时，注定了他的发展将如暴发户一般一飞冲天。很快，他将减少对于老朋友西戎的担心，同时，他也即将和齐、鲁等老诸侯国称兄道弟。

襄公是个暴发户

西周在周幽王的胡闹下终于结束了,周平王在众诸侯的迎立下继续了周朝的国祚。因其东迁洛阳,故史称东周。而在东周的形成中,秦襄公立下了无可磨灭的大功。作为回报,周平王给他的奖赏也毫不吝啬,自此,秦襄公一举进入了诸侯的行列。

周二王并立的局面在具有政治魄力的晋文侯手上毁了,周平王成了正统的周朝国君。当时周平王是在申国即位,但申国毕竟不能作为国都所在,因此待到政局稍稍稳定后,周平王便开始了他的选都计划。周平王首先想到了是西周都城镐京,但当他和一班大臣踏上镐京的土地时,他们就明白了这个计划的不可实施性。彼时的镐京在西戎人的入侵后,房屋残缺,道路龟裂,本来繁盛的城池被大火烧得如深渊般的焦黑。镐京残败至此,一时难以复原,另者,镐京离西戎又过近,为防止西周历史重演,周平王最后决定将都城往东迁移。

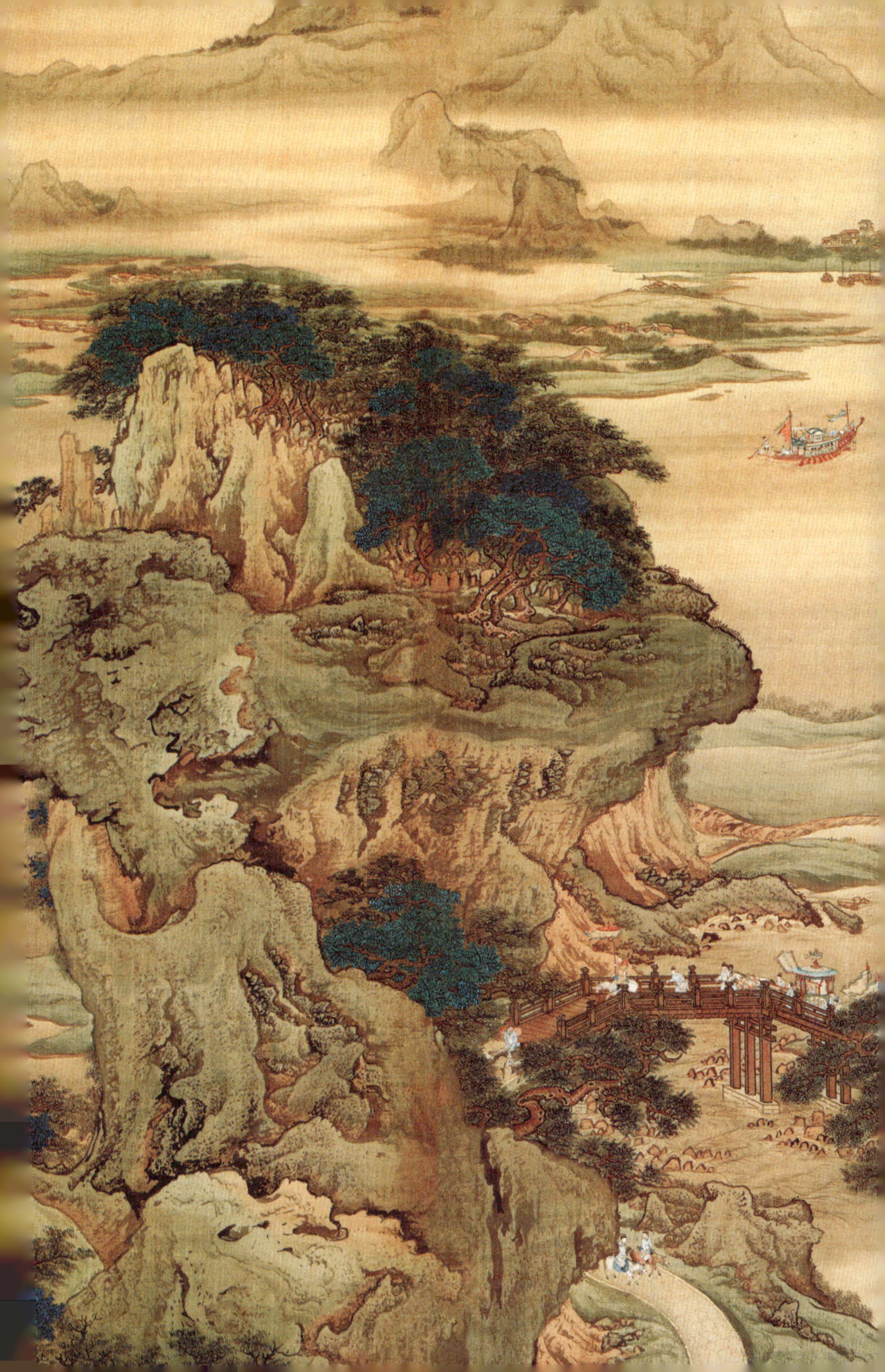

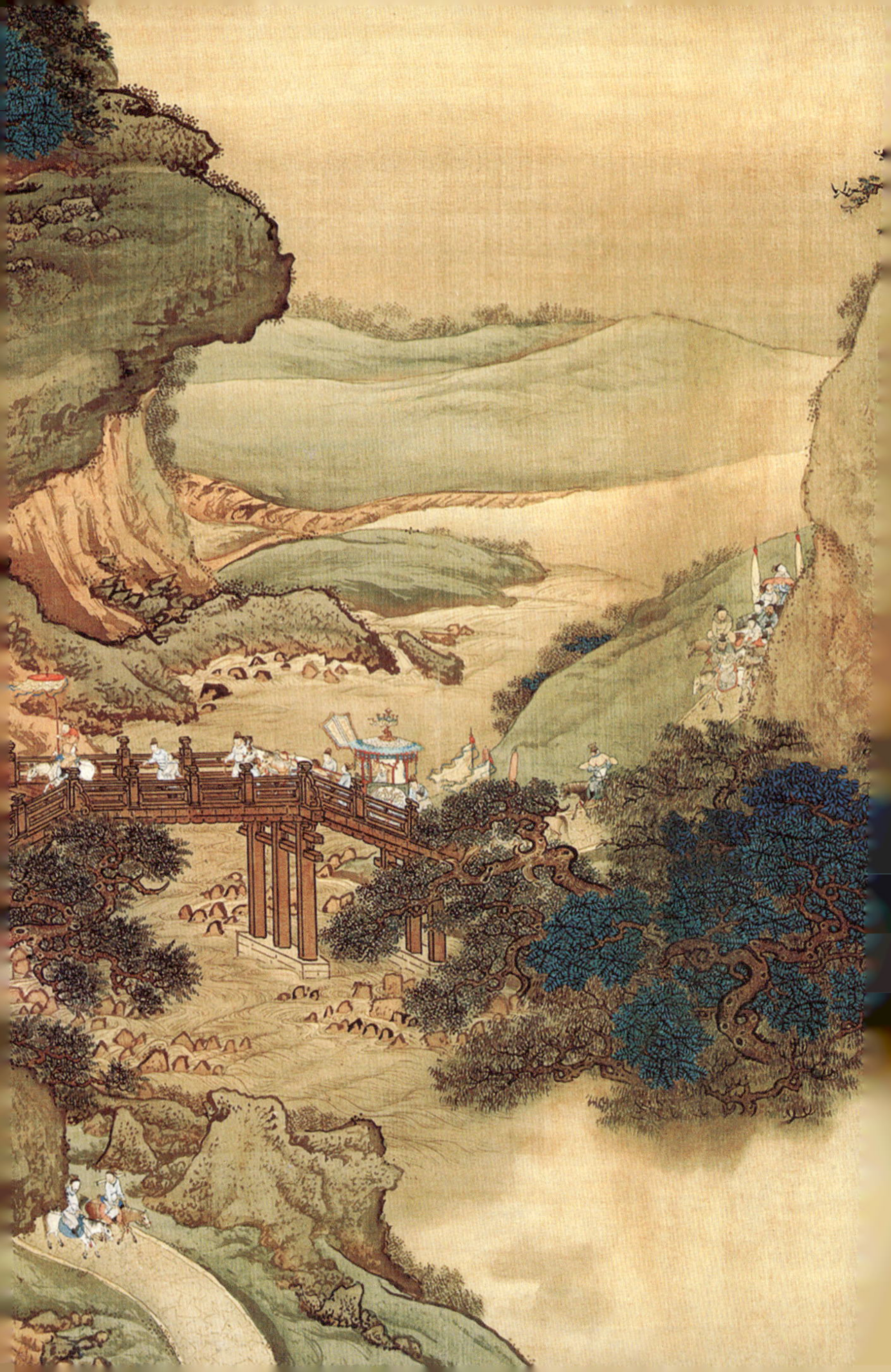

而在东方大地上的这块被周平王看中的土地名叫成周,是昔时西周的东都,也就是中国历史文明上唯一的一座"神都"——洛阳(今河南洛阳)。

迁都之事非同小可,就是平常百姓的搬家都必须执行择日请神等一大堆仪式,何况搬一整个国家。因此,迁都绝不能偷偷摸摸地进行,必须光明正大地来。想要光明正大就必须冒一定风险,这点秦始皇在东巡之后将大有体会,何况在那个国王统摄力不够的时刻。因此周平王要迁都,其一就是要保证安全。

安全由什么来保证?硬实力,也就是武装力量。当时有诸侯大国如晋、郑等对平王的支持,各派出军队护送平王。而在这个护送队伍中,有一个力量还不是很大的小地方势力,也尽自己所能派出了军队。这个小势力就是秦襄公的秦地。

秦襄公在一番思虑后选择了周平王,而历史也证实了他敏锐的政治眼光,当得知周平王准备东迁的时候,秦襄公立即派出一队军队,将平王小心地送到了新都洛阳。

周平王在洛阳站稳脚跟后,便开始了他的奖赏。他对秦人的奖赏是足够慷慨的。首先,他封秦襄公为诸侯,这意味着秦人自非子获得秦地后,终于能自豪地称自己所居的地方为国。这是在名义上的封赏,其次,周平王还赏给了秦襄公岐山(今陕西宝鸡境内)以西的土地。

秦襄公护送周平王一事,使得秦襄公名利双收。襄公大喜,几年的努力终于得到了肯定,秦人先祖在秦地的惨淡经营也终于有了它的回报。襄公立即将好消息告诉了逝去的先祖，然后定都西汧，行大礼，祭祀白帝。此时，秦国以生机盎然的姿态在历史的大道上更新了自己的地位。

也难怪秦襄公要如此高兴，诸侯的地位暂且不说，就是岐山这块地，其实际意义也不下十个诸侯的作用。岐山作为周人崛起的故土，是当时古代农业最发达的地区之一。肥沃的土壤和温和的气候，再加上数百年累积下来的劳动力经验，都使得这块土地足以傲视关中。

只不过，秦襄公只是在名义上得到了岐山，这块宝地的实际掌控权还在戎狄的手中。其实，当时周平王封秦襄公为诸侯，并赏赐其关中之地，其政治目的也是借助秦襄公在西北的力量，从而控制陕甘少数民族的骚乱，无疑有利于周土的巩固。

周平王打着这样的政治算盘，秦襄公自然也不会算计不出。同时，襄公也在心里偷偷计算着，他想，周平王能出这个计，自己就能将计就计。没错，既然周平王想利用秦襄公来稳定西北局势，那么秦襄公就稳稳地抓住这个计策，反过来利用周平王来获得西北的霸权。

走到这一步，秦襄公的首要任务就是夺回岐山的实际控制权。当初秦襄公力量本不及西戎，何况出师无名，因此秦襄公只能采取韬晦计策来麻痹西戎的心。而现在，秦襄公已经位列诸侯，更兼关中之地已在平王的允诺下全部归于他的名下，事态到了这一步，秦襄公已经没有不出兵戎狄的道理了。

同时，此时的政治局势已经大大地异于西周末年。西周末年政治凋敝，也只有在这个时候，秦襄公才能有翻身的机会。同时，刚刚即位不久的周平王虽是东周的君主，但他毕竟是在晋、郑大诸侯国的帮助下才登上王位。在这种情况下，这些老牌诸侯国凭仗威望便可以骑到周王的头上，这点在春秋小霸郑庄公身上可以清楚地得到体现。

当时郑国兴起，郑庄公在周平王年间四处征伐，全然不顾及周朝的威望，俨然一代霸主。周平王见此，虽心有不满，也只得忍气吞声。后平王郁郁而逝，周桓王即位。桓王一上台，就立即将矛头指向了郑庄公，采取了压制庄公的策略。郑庄公见桓王小子竟然如此有胆识，深为不满，最后甚至闹到了周廷上，与周王室的关系因此交恶，最后解决这次争端的是"周郑交质"事件。"周郑交质"并不能消去周桓王心中的那把火，相反的，这一事件使周王室的权威落地，导致了周桓王有了进一步的军事行动。周桓王十三年（前707），桓王派兵征讨郑国，却被郑国的武将祝聃以弓箭正中肩膀，这就是"射王中肩"的典故。

"周郑交质"和"射王中肩"的事件意味着周王室已经无力掌控整个周朝，取而代之的是，地方诸侯已经慢慢地凭借自己的威望和实力站在了历史的中心舞台上。中国古来强调的"礼""信"在这个缺乏秩序的年代已经失去了它的实际意义，历史从此进入了诸侯争霸的春秋时代。

面对当时诸侯掌权的局势，同为诸侯的秦襄公难以和中原老牌诸侯相匹敌。在这种情况下，秦襄公很清楚盯着东方是无益的。若想要如同中原诸侯一般夺取霸权，就必须先发展自己，而发展自己的唯一方法就是夺得自己的封地。

所有的内因外因加到了一起，便意味着秦襄公对战戎狄的必需性。因此秦襄公在此时便转变了他的外交政策，开始了对戎狄的进攻。

可惜的是，秦襄公在他的有生之年都没办法实现收复岐山的愿望。唯有那么一次，在秦襄公十二年（前766），襄公带兵第一次突破了战局，占据了岐山，但不久后便得而复失，而襄公也在这一年将自己的生命献给了征伐戎人的事业。

秦襄公用十二年的时间将秦地从一个地方小势力推上了诸侯国的行列，并将所占土地大大扩展。同时，也是在秦襄公的时候，秦人开始了他们的野心之路，将目光从西北戎狄转移，投向了更远更大的东方大地，而此举使得中原大国开始了对这个西北新晋力量的关注。总的来说，秦襄公引领秦人经历了一次巨大的翻身，秦人的历史开始改写，秦国的历史正式揭开。

秦襄公走了，留下了一个正在发展中的秦国。秦国未来的走向是好是坏，全掌握在秦襄公后人的手中。而关于这一点，我们只能寄希望于上天，但愿秦国不要出现如周幽王这样的君主，毕竟秦国新立，经不起折腾，而我们更不愿意看到秦襄公十二年的努力随着他的逝去毁于一旦。

所幸的是，接下来继承秦襄公的君主秦文公非但继承了父亲的位子，还继承了父亲的能力和为国奋力的精神。秦文公后的几代君王，虽说没有大的出彩之处，却也兢兢业业地发展着这个新立的国家，为多年以后的有为君王秦穆公称霸春秋做出了一个很好的榜样。

当然，这些都是后话，现在秦人关心的是目前还猖獗在岐山地带的戎狄民族。戎狄不除，秦人便得不到关中的偌大地带。偌大地带不得，秦人就没有任何政治资本去涉足中原。因此，按照步步为营的原则，秦人必须先解决了戎狄问题，而这些，在秦襄公死后，将由秦文公领头来解决。

继祖之业再奋斗

周平王六年（前765），西垂宫殿在经过一阵迎立新君的祝贺后，已经步入了沉默。西北的风从月亮底下闪过，如擦拭刀刃一般令人心寒。在狂欢之后，失落的寂寞侵袭了整个西垂，秦人感念于秦襄公为他们打出的江山，却又为日后的秦国去向而感到迷茫和惆怅。

这种迷茫和惆怅在一个青年的眼里毫无保留地显现出来，他站在广袤的西北大地上，安静的情绪贴合冷清的背景，左边一道河水悄悄地爬上他的脚，他心底一寒，右边随之又来一道冰凉的水流。这个青年往下一看，两条河流交接在一起，好像在絮絮叨叨着什么。几年后，当这个青年再次踏上这块土地的时候，他似乎找到了秦国的希望。

这块土地正在汧、渭两河的交汇之处，而这位青年，我们将他称为秦文公。

秦文公在周平王六年（前765）继位，接过了秦襄公未竟的事业，将一个正在发展中的秦国放到了自己的肩膀上。作为秦襄公的后人，秦文公在管理秦国的方法上追随了襄公晚年的政策，得到岐山之地的正式掌管权是秦襄公对于后人的要求，在这一点上，秦文公一点也不马虎。

文公刚立，比起贸然出兵西戎，或许先着手处理一点内政会更有意义，毕竟，对于一个从未上过台面的执政者，取信于民，以及在百姓面前树立威望，这才是管理好一个社会的前提。正如西方世界采取的政治演讲，正是获得这种政治信用的手段之一。另外，秦国和西戎的力量对比在秦襄公晚年已经得到了一定的证明，即两国之间，秦国的力量如果说没在西戎之下，也只能马马虎虎称个平等。在这种情况下，出兵的结果只能重蹈襄公覆辙。因此，在政策的选择上，秦文公的考虑是周到的，这也表明了其政治眼光的敏锐程度亦丝毫不在秦襄公之下。

文公即位后见载于史的第一件大事就是迁都。周平王八年（前763），秦文公和七百多名亲信士兵前往东边去打猎，这一段历程长达一年，或许这无非是以打猎之名而进行的政治巡视。一年后，秦文公来到了汧、渭两河的交汇之处，这地方处于现今的陕西宝鸡眉县附近，在古时被叫作陈仓，当时，非子之地就包括了这块土地。因此秦文公看到这块土地时，似乎有一种特别熟悉的亲切感侵上心头，两河的交汇处顿时如母亲的乳汁一般，溢出醇香的味道。

其实，陈仓作为华夏始祖炎帝的诞生地，以及周朝的发祥地，自古聚集了中华丰富的文明，就这一点而言，陈仓作为一个文明古都，对于秦文公也是极具吸引力的。因此，秦文公这时候有了一个想法，迁都。

在迁都之前，秦文公为表示自己的谨慎，特意找来了几个占卜家，令他们占卜占卜，这块土地是否适合作为秦都所在。占卜的结果是吉利的，这真是合了秦文公的心。于是，秦公文正式将他的国都迁到了陈仓，陈仓自此和秦人结下了不解之缘。这之后，秦都在它的发展初期经历了几次迁都，其范围都处于陈仓以内，也就是今天的宝鸡市内。因此，陈仓在秦文公的一个决定下，又成为一个大国的发祥地。

秦国迁到陈仓之地后，秦文公谨慎管理，在不足的方面尽量引进中原大国的经验，发展经济，教化百姓。或许宝鸡果真是个风水宝地，因为，秦国在秦文公的一系列政策和十几年的休养生息后，已经步入了发展的正轨，获得了比秦襄公在位期间还大的内政成就。当然，这一切必须归功于秦文公的能力，作为秦人的君主，秦文公和其父一样，是足以令人敬佩的。

秦文公望着蒸蒸日上的秦国，心里想着总算没让寄厚望于自己的父亲失望。但是，秦文公在感到欣慰的同时，往西方一望，忽见一群野蛮的士兵冲入秦人所居之地，将秦人辛苦种下的庄稼抢夺一空。其实，这样的担忧时常萦绕在秦文公的脑海里，犬戎一日未平，秦文公就一日不敢放心。

因此，为解决心里的一个大患，在秦国实力有所增加之后，秦文公立即将第一目标转移到了西戎身上。从此，他走上了秦襄公晚年走上却没走完的道路。

秦文公十六年（前750），文公派兵向西戎大举进发。在这一次战争中，秦人的力量已经异于秦襄公之时。因此当西戎人在面对卷土重来的秦人时，明显感到力不从心的艰巨，他们已经阻挡不了秦人的进攻，最后只得以败退的形式来结束这场战争。

秦文公引领秦军获得了秦国对西戎的第一次大胜利。事实证明，秦人已经逐渐有了称霸西北的实力，而此时，他们更缺的，是一个更具魄力的领导者。

秦文公在击退西戎的同时，顺利并且稳定地占据了秦襄公期盼已久的岐山之地。在获得岐山的同时，之前在西戎管制下的周朝遗民也被编制到了秦国的人口系统之中。由此，秦国在秦文公击败西戎一役后，在土地和劳动力上的收获都取得了可观的成绩，为秦国日后的发展提供了更为丰富的资源。

我们可以大胆地猜想，这场战争在当时必然惊动了中原的诸侯们。当时，秦文公在战后朝见周王的时候，慷慨地将岐山以东的地区送给了周王室当礼物。此举无疑为秦文公在周廷取得了挺直腰板的地位，而一旁看着的众诸侯们，心里已经开始在对自己说：要注意这个随时可能会爆发的国度。

这事作为秦文公政治生涯的高潮，在历史上如烟花般盛开，也如烟花般寂寥。秦文公在这场战争后，基本进入了晚年退休状态，历史从此再也没有记载关于他的出彩事迹。但是，秦国在这段时间却进入了美丽的童话时代。在这个时代里，关于秦文公的经历被一些模糊的传说给填满。当然，在另一方面看来，秦文公对抗西戎的表演如此精彩，就这一点，也足以让秦文公获得任何一个关于褒奖的神话。而关于这些神话，下一节我们会让它们作为一种迷人的传述呈现在读者眼前。

在传说之后，历史明确了秦文公的死亡。秦文公五十年（前716），当郑庄公正在周廷为他的霸主地位而理论时，秦文公带着人民对他的敬仰追随他的父亲而去。文公死后，本应该由其长子继位，但文公的长子早于两年前先文公而去，因此，真正接替文公位子的是其长孙嬴立。

嬴立是为秦宪公，在其执政期间，国都再次迁移，这次搬到了平阳（今陕西宝鸡眉县）。或许秦宪公的迁都是想向秦人表明，他必定会以祖父秦文公为榜样，将秦国推上一个更高的发展阶段。

秦宪公凭着他的壮志，在即位两年后（前714）即派兵攻下了亳戎荡社（今陕西西安）部落，然而他的功绩仅限于此。同时，在秦文公年间，秦国的大臣已经在偷偷地拉帮结派、积攒势力，发展到了秦宪公时，已经出现了企图摄政的苗头，这为秦宪公之后的三父擅自废立君王事件埋下了隐患。

秦宪公在位期间没有特别亮眼的表现，他谨慎地走着前人的路子，对于秦国的发展也提供了他的一点力量。

自秦襄公立国之后，秦国历史走过秦文公、秦宪公两世。文公和宪公在政策上遵循着襄公的路，不敢逾越，因此秦国的此段历史以保守为主题。而事实证明，二公的保守政策为秦国的发展提供了最为正确的路途，毕竟，这符合了当时的秦国国情和作为大背景的东周局势。

而这种保守状态到了宣公年间才会开始打开它的僵局，到那个时候，秦国即将帮世人确证一个事实，即当初他们关注的西北国度从未让他们失望过。

当然，历史还没有走到那一步。只是为了让历史能够顺利走到那一步，在秦文公末年发生的神话就有了它的现实意义，而这个，才是我们接下去要讲的故事。

秦文公的神话

秦文公十九年（前747），一道异常明亮的光痕划过天空，照亮了城郭。城里的百姓望着屋顶恰似蒙上一层金光闪闪的薄暮，城郊的大树也如沐浴在神仙的光环之中，城里的鸡犬被这道亮光所吸引，四处跑动，却又明显感觉到它所带来的温暖，遂在这种暖意的包围里进入了它们美好的梦乡。

一颗流星带来的神话在陈仓之地瞬间流传开来。然而这个神话的美丽却包含了太多的政治因素，正如历史上的其他传说一样，这个神话也因为意识形态的需要而进行了一场改造。

《晋太康地志》首先记载了发生在秦文公年间的这则神话。这则神话的时间记载在秦文公十九年（前747）的时候，当时正是秦文公大败西戎后的第三年，秦文公正坐在王座上批改奏折，而此时，民间却发生了一件有趣的事。

传说，有一天，陈仓城里的一个猎人出外打猎。这次打猎让猎人有了一次意外的收获。他遇到了一只他从没遇过的怪兽。对于奇异的事物，从来没有人会吝啬地表示出他的兴趣，因此猎人紧紧地观察着这只长得异常奇怪的动物。只见这怪物四只脚如猪蹄一般，而头顶却顶着两只长长的尖角，又如山羊一样。这只怪物此刻正低下它的头，用鼻子在潮湿的土地上嗅着，仿佛在寻找着食物。

这样一只似羊却非羊、似猪又非猪的怪兽令猎人感到无比兴奋，他想到了这只怪物一旦被拖到市集里将会引起的轰动。因此，激动的猎人立即搭起腰里的弓箭，瞄准这个怪兽，用力一拉弓，弓箭出弦，正中怪兽的腿部。怪兽受到这一箭，惊吓之余已经失去了逃跑的力量，箭镞在它的腿里搅动着皮肉，皮肉顿时如鲜艳红花般地绽放。

猎人就这样捕得了怪兽，兴高采烈地用绳子将它绑住，准备带回去让朋友们见见世面。这个怪兽在闹市里一出现，果然引起了如猎人预料中的喧哗。在一阵惊奇和讨论后，众人决定将这只不知名的怪兽献给秦文公。毕竟朝廷之大，总有认识这只怪兽的人。因此，这个怪兽在众人的绑缚下，从集市来到了陈仓的王宫里。

秦文公对待怪兽的好奇心也不在猎人之下，当他看到这只有趣的动物时，立即产生了强烈的好奇心。但在偌大秦廷上，竟然没有一个人知道它是什么。无奈之下，秦文公只得将怪兽暂放一旁，待博学之人来解开这个谜。

这个神话的高潮还没来临，更令人感到惊奇的是，解开这个谜的博学之人竟然是两个毛头小子。有一天，一男一女两个童子遇到了秦文公和他的怪兽，于是指着怪兽对秦文公说："此名为'媪'，常在地中食死人脑。"（《晋太康地志》）秦文公一听，脸都绿了，原来这几天放在秦廷里的这只动物竟然是如此可怕的不祥之物！秦文公被吓到了，立即向两个童子寻求去邪的方法。这两个脸色红润的童子却一点也不慌忙，只见他们其中一人拿起一支树枝往媪的头上插去，媪大痛，拼命挣扎，不久后便死了。

媪的死并不意味着故事的终结，因为在它死前，它也透露了另一个关于这两个童子的信息。原来这两个童子名为陈宝，是大吉之物，天下人得雄者将称王，得雌者将称霸。这个信息令秦文公和他的百姓激动万分，因此他们不念及二童子的恩情，立即开始了对他们两个的捕抓行动。

在这次追捕中，那个女童跑不动了，此时她变成了一只野鸡，飞到了陈仓城北阪，不久后即落地变成了石头。这块石头被秦文公所得，秦文公大喜，传说得雌者称霸，他能不高兴吗？于是秦文公立即将石头奉了起来，并为它建立祠堂祭之。而这块石头也在流传中获得了它的名字——宝鸡。

宝鸡的传说跌宕起伏，媪和二童子令这个神话增添了多处亮点。只是这个故事里包含了太多杜撰成分，如果要试着回归它的本来面目，就应该看看司马迁在他的著作里是怎么说的。

《史记·封禅书》将这次事件简洁到这样一段话："文公获若

石云，于陈仓北阪城祠之。其神或岁不至，或岁数来，来也常以夜，光辉若流星。从东南来，集于祠城，则若雄鸡，其声殷云。野鸡夜。以一牢祠，命曰陈宝。"

这段描绘虽也多少掺杂着超自然的成分，但毕竟比传说显得真实。从这段话语里，有考古学家读出了这样一层可能性，即这块传说中的宝石不过是诸多宇宙移民中的一颗，毕竟流星因其迷离的姿态，总是能被塑造成神话的。

关于这段记载，郦道元的《水经注》或许更具有考证意义。郦道元认为这颗陨石撞到了陈仓的某个土地，引起了四方鸡群惊叫，因此有了石头与鸡的结合。而秦文公是在一个叫作伯阳的人的建议下，才决定到这块土地进行视察。伯阳在这次的提议中讲出了一个令秦文公更感兴趣的话题，即这次的自然事件大有炒作之余地。秦文公明白了伯阳的话中之意，立即将这起自然事件炒作为政治神话。

秦文公的政治炒作，其目的是明显的。君权神授的神话曾经控制了人类世界好几个千年，用难以解释的非自然力量来为自己的政权做巩固，这在迷信色彩极重的古代社会里自有它的分量。有如陈胜起义，若没有搞些小技巧，如何在起义军里建立威信，又如何能让一帮乌合之众瞬间成了精神之师？因此秦文公的神话创造，和历史上的其他君王是如出一辙的，其目的不言而明。

只是秦文公创造了神话，在表明他想好好掌控整个秦国事业的同时，其实也预示着秦人已经开始想着他们的霸业。因此，这个神话非但为秦文公在近期的管理上提供了更大的缓冲带，同时，也为秦国后来的称霸种下了意识形态上的赞许。

这个神话并不是秦文公年间的唯一神话，在不久后，秦人在砍伐南山的大梓树时，他们将在被砍伐的梓树树林里遇到一头冲撞出来的大青牛，而这头大青牛又即将带着它的祥瑞之气冲进秦国的丰水里。

这些神话都告诉了我们，秦文公在实现他的实业后，开始在意识形态上管理着秦人的思想。这些神话也确实起到了它们所应该有的作用：在凝聚秦人思想的同时，正向秦国四周传述着这个国度的天命。然而神话毕竟是神话，神话支撑不了一个国家的发展。在秦文公及其后来几代君王年间，真正支撑起秦国发展的还是生产力的提高，而秦文公的神话无非只是作为一种辅助手段而已。

秦文公的神话也只能拿底层的百姓开开玩笑，而在政治上耳濡目染的政客们，对于这种手段自然是不屑一顾的。另外，如果这种神话暗示的秦国霸业有其实现的可能，那么这对于别有居心的政客自是存在难以抵挡的诱惑。因此，在神话传播开来的同时，秦国大臣在文、宪二公年间也正在偷偷地积攒起属于他们的势力。

在神话渐渐遁入沉寂以后，秦国即将面临它的第一次政变。这场政变远不能撼动秦国的统治，因为政变里的主人秦武公用他的魄力悄无声息地解决了这场灾祸。这之后，秦国在秦武公、秦德公和秦宣公年间开始发展起秦国的各项制度,实现了秦国社会的政治雏形。与此同时,周王室却经历了一场政变,而这场政变使周王室从此无法在诸侯面前抬起头来。另外,齐国出现了春秋第一霸齐桓公,而晋国也在晋献公的努力下开始了霸业路程。

秦廷的骚动

病重的秦宪公躺在床上,身旁大臣紧张地等着他临逝的安排,宪公用他颤抖着的手往床前一指,正对着跪倒在床前的长子。这个长子长得英姿勃发,两道剑眉暗示了一种勇武的坚毅,眼神在透露出霸气的同时,又有几分谨慎的机智。这是一个拥有君王之姿的年轻人,他望着父亲的眼神,虽带着无力感却又满怀期望地看着自己,心里顿时升起一腔热血。在这个年轻人心里翻滚着热情时,他却忽略了旁边站立着的三个人。这三个人站在宪公的床边,正露出诡异的微笑来。

秦宪公在秦君位子上谨慎地坐了十一年,秦国又失去了它的一位统治者。秦宪公逝去之时,对于自己在秦国发展上所付出的努力并无遗憾。毕竟,在他的能力范围内,他确实贡献了一定的功劳。真正令秦宪公感到担忧的是国内大臣的势力发展。在秦宪公晚年,秦国大臣弗忌带领着另外两个野心者,已经暗中规划着他们的周公事业。而面对这种权力逾越，秦宪公却表示出了退让的势头，结果导致自大的弗忌开始了无法无天的行动。

弗忌和另外两个大臣官居庶长，秦人将他们统称为三父。庶长是秦国的特有官职，在春秋时掌握着除君王以外最高的军政大权，其地位相当于周朝的卿。地位一大，就难免自恃功高，全然不把主上放在眼里，何况作为庶长，还统有秦国军队，所有这些因素都足以令三父猖獗起来。

我们都知道，在历史上，老臣作为一种以威望为统摄力的势力，其实力全然不下于一个新立的君王。关于这点，三国时代的孙权深有体会。当时张昭作为吴国元老，为吴国的缔造做出了劳苦功高的奉献，无论是朝中大臣，还是平民百姓，对他都怀有敬佩感激之情。在这种威望的威胁下，孙权对张昭也得礼让几分，只是到了最后，当孙权慢慢树立起自己的威望时，才敢于正面和他叫板。而在三国时代的另一边，诸葛亮作为蜀国老臣，竟一辈子将权力牢牢地掌控在了手中。

老臣的威胁如此，秦宪公没有秦襄公这样的威望，又缺乏毅然决然的魄力，自然不敢在他们头上动刀，这种消极的对待无疑更加滋生了三父的高傲。三父看着秦宪公对自己也敬畏三分，明白自己的权力已经足以凌驾在君王之上，在这种情况下，任何一个有权力情结的人，都必须做一件轰动的事，来体现他至高无上的力量。

三父在这一件轰动事上的选择足以见证他们的野心之大，因为他们在几经考虑之后，决定以自主立君来体现自己的权威。

在一个帝王被赋予了信仰色彩的时代，帝的废立非同小可。若是一个大臣擅自决定帝王的废立，那便触动了禁忌，所以很少有哪一个大臣会去冒天下之大不韪。只是凡须付出代价的事，就必然也能令人获得相应的回报。成功实行废立的大臣将会获得至高无上的威望和权力。在这一方面，每个有企图心的臣子都以商之伊尹和周之周公为榜样，而他们两个也成功地向世人展示了这一举动可以获得的成就。

当然，也不是每个权臣都能像伊尹和周公那样获得世人的敬仰。伊尹和周公大胆废立君王，其原因均是因为君王无道，致使百姓困扰。如若君王没有大的错误，那么擅自废立便成了篡权的代名词。秦宪公的长子作为太子，从未有过任何错误，故其继承宪公的位子理所当然。所以，三父对无辜太子的罢免，注定了这是一次没有名分的夺权行动。

宪公去世后，太子已经为他即将迎来的王位做好充分的准备。此时的太子心里燃着希望的火苗，但不久后他心中的火苗便会被浇灭。浇灭太子希望之火的水正来自三个大臣那冷漠的脸。太子作为权臣争权的牺牲品，由此失去他的王位，取而代之的是太子的弟弟，秦宪公的幼子。

太子眼看三父如此嚣张，虽心有不满，却也无能为力。因此，在一场悄无声息的宫廷政变之后，秦宪公在地下看着他最年幼的儿子被三父抱上了王位，从此，秦国历史迎来了短暂的秦出子时代。

秦出子继位，时年五岁，没人能指望一个五岁的孩子可以管理好一个国家，这就为三父的摄政提供了一个很好的理由。废长立幼一直是权臣最喜欢做的事，因为年幼的人最好控制，这是毋庸置疑的。虽然历史没有太多的记载，但我们却可以肯定，在这段时间里，秦出子作为一个傀儡国王，正在把玩着他的玩具，与此同时，三父正兴奋地品味着至上权力的滋味。

令我们感到疑虑的是，三父或是想对世人再次证实他们的权力，因为在不久之后，他们竟然杀死了被他们控制了六年之久的秦出子，重新立秦宪公的太子为王。

三父的举动令我们感到疑虑，为何他们会杀死出子，重新迎立有了一定势力的太子？这无疑是搬石头砸自己的脚。或许，我们也可以做出这样的假设，即太子在多年的韬光养晦后，已经慢慢树立起足以对抗三父的势力。三父感到威胁，为缓和这种紧张，只得先赞同太子的即位，慢慢地再谋对策。

当然，猜想可以改变过程，却改变不了结果。秦出子作为政治的牺牲品，彻底失去了他应该灿烂的童年，而对于秦出子的同情，也成了日后三父的祸因。

周桓王二十二年（前698），年幼的秦出子死于三父之手。隔年，太子重新回到了本属于他的位子，重新燃烧了他六年前的执政热情，开始了他以"武"为名的政治生涯。

秦武公即位后，面对着这个发展中的国家，知道自己要做的事还很多。秦国虽然在秦文公、秦宪公的努力下得到了发展，但它作为一个新立的政权，在各项制度的制定上还有待改进。同时，秦文公虽然对西戎取得了前所未有的胜利，却并不意味着西戎问题就此消失在秦国的土地上，西戎问题作为秦国发展史上的旋律之一始终存在。

因此，秦武公面对着和前人一样的两个问题，即社会发展和领土扩张。同时，秦武公在历史的演进后又增添了前人所不必面对的一个问题，即来自权臣方面的威胁。这三个问题共同指向了一个目的：政权的巩固。秦武公必须在这方面付出他毕生的努力。

而在这三个问题中，令秦武公最感威胁的始终是权臣的存在。毕竟，权臣对政局稳定的威胁是最为直接的，所以秦武公必须在这方面先下狠手。因此，秦武公即位后的前几年内，他满脑子想的就是如何除掉弗忌三人。而幸运的是，如同"武"这个汉字所代表的意义，武公不失所望地迅速除掉了这方面的威胁，为秦国政权的集中做出了巨大的贡献。

武公德公好榜样

秦武公在他刚即位的头一年,以讨伐彭戏氏为借口,来到了华山脚下。巍峨的华山山巅,青葱翠绿的树木覆盖整个山头,云雾环绕其中,令人感到庄严而神圣。秦武公望着眼前之景,顿时心头一颤,立即喜欢上了这个地方。因此,他宣布:我要在这里度个假。

秦武公刚接过王位,就在华山脚下的华阳宫过起了他的悠闲日子,这令秦人纷纷议论这个君王是不是有点昏庸。其实,他们都不知道秦武公正在等待。在这个等待的过程中,秦武公尽量令自己的生活低调而简单,因为他正准备着一场夺回权力的运动。

三父虽然重新让秦武公回到了他的王位,却从来都不甘心将权力递回到他的手里,失去了秦出子的年幼借口,三父正式向人们表明了他们对权力的癖好。三父的张狂引起了许多臣子的不满,只可惜三父势力强大,就是秦武公也得对他们礼让三分。因此众臣子对三父也只能咬咬牙忍着，和秦武公暗中送着眼色。

有不满就有反抗，秦武公和臣子们虽然暂时不能拿三父怎么样，但是他们已经在暗中地计划着。秦武公离开王宫来到华阳宫，这便是他们的计划之一。使秦武公远离三父的监视，将使得他们的计划进行得更加顺利，这就是他们的第一步。

秦武公在华阳宫慢慢地累积着势力。一个正统代表在局势所迫下也只得偷着来，这实在令秦武公感到羞愧万分。历史证明，秦武公过人的忍耐力终使得他在这场权力的争夺战中获得了胜利。

武公三年（前695），秦武公在华阳宫准备了三年，终于能和三父正面叫板了。机会一来，秦武公就不再忍让了。这一年，三父为他们的自大付出了生命的代价，而秦武公诛灭他们的理由是：你们杀死了我年幼的弟弟。弑君之罪足以使三父死十遍，而只有一条生命的三父，因此拉上了他们的族人陪葬。

历史上，像三父这种缺乏名分的罢黜君王行动屡屡发生。王莽篡汉，魏曹丕罢汉献帝，这些都是成功夺政的代表。这些事之所以会成功，是因为当时的政治现实允许它们实现。而现在的秦国百姓对于嬴姓赵氏的统治感到满意，这就注定了三父的夺权行动到最后必然失败。当然，虽说有这样的背景原因，我们却也不能否定秦武公在这场夺回政权的戏码中所起到的作用。正是因为秦武公过人的毅力和毫不迟疑的魄力，才使得秦国的权力从权臣三父手中重新回到了赵氏一族的怀抱里。而权力的回收对于秦国的稳定发展是至关重要的,因此秦武公就这次行动中所能得到的历史地位,已经足够使他进入襄、文、宪三公的行列。

三父已死,政权在内部巩固起来,武公随即将他的眼光往外放出。马不停蹄的武公在他的征伐事业中先后征服了绵诸、邶戎、冀戎、义渠戎、翟和獂等戎族,将这些少数民族初步控制在秦国的版图下,使秦国的势力在武公年间达到了关中渭水流域。虽然这种征服在戎人的反复无常下难以实现它的实际意义,但它为秦国的权威建立了初步的基础,这是秦武公即位年间最出色的功绩。如此看来,和文、宪二公相比,武公在对外战争的表现上已经足以凌驾在他们之上,而这也是他得称"武"的原因。

当然,武公并非一个单纯的用武之人。在政治上,武公初设县制,成为秦国地方管理制度的基础雏形,为秦国日后对于广大领土的管理提供了一份宝贵的思想。

秦武公的功绩已经得到了世人的认同,二十年后(前678),秦武公带着他这些功绩找他的祖先报告去了。但是,秦武公担心只凭他一人的言论不足以取信于先祖,因此武公在秦国历史上又开了一个首例——殉葬。殉葬制度为秦武公带去六十六个见证人的同时,也从此给日后的秦国埋下了一个衰败的原因。

秦武公走了,秦国历史还要继续。代武公来管理这个国度的是武公的一个弟弟,和武公一样,其名字在历史的传承下已经丢失了,而他的谥号代表了和武公相反的另一种性格,我们把他称为秦德公。

秦德公在公元前677年开始他的政治生涯，似乎秦人的君主都有御用城市的习惯，如陈仓之于秦文公，平阳之于秦宪公。秦德公在这一方面也不甘落于其祖辈之下，因此秦德公在他刚即位的第一年，就开始了他的迁都计划。

占卜过后，专属于秦德公的国都确定在平阳的正北方，名字叫作雍城，位于今陕西省宝鸡市凤翔县南。雍城在秦德公入主之后，在将近三百年的时间里，都作为秦国的国都所在。其作为几百年来秦国的政治、经济、文化中心，为秦始皇后来的统一奠定了雄厚的基础。

秦德公迁都之后，随之便开始了他雷厉风行的政治改革，秦国在此期间得到了飞速发展。这从当时秦人的祭祀规模逐渐增大便可窥见一二。此外，秦德公还在历法上首次加入了入伏这个概念。农历六月，中国气候进入全年最热的时刻，秦德公为解决在这期间容易受热致病的问题，提出了入伏的概念，令百姓在这个时候要想办法避暑消热，以免得病。从此，伏天的概念在整个中国土地上得到了重视，秦德公的见识也在这件事上得到了它应有的认同。

历史再次为秦国提供了一个贤明的君主，可惜还没坐够两年王位的秦德公就向世人做出了他的告别仪式。三十五岁的秦德公抱着英年早逝的遗憾郁郁而终。相比于两年的短暂执政时间，他的贡献却让我们对这一个聪明而负有责任心的君王感到加倍敬佩。

秦宪公的两个儿子，以一武一德扬名于秦国的历史上。在这两位君王的统治期间，秦国的力量再次踏上了另一个更高的阶梯，国力大增的结果就是为秦国争取到了一定的诸侯势力前来依附。历史记载，在秦德公年间，两个小诸侯国梁国和芮国前来朝见秦德公。关于芮国，其在秦宪公年间因为经历了一场政变，导致政权衰弱，当时秦宪公因为小视了芮国的实力，便贸然进攻，结果反倒碰了钉子。这之后，秦国一直凭借着自己在西北的力量渗透到芮国的政治内部，到了秦德公时，才最终实现了对于芮国的控制。从一开始碰到钉子，经历了对芮国的逐渐渗透，到最后真正控制了芮国，这种发展情势形象地表明了秦国在秦宪公到秦德公之间所获得的巨大进步。

芮国和梁国依附秦国的事件是秦国在秦德公年间实力大增的铁证。有了这种依附，意味着秦国在诸侯中的地位已经上升了一个层次，这无疑是日后秦穆公实现其霸业的现实基础。

此外，在国力发展的同时，武、德二位君王所做出的政治改革也从此成了秦国在日后数百年间的政治制度雏形。由此看来，武、德二公在继承的路子上做出了又一个值得秦后人学习的榜样。

就在秦国国力蒸蒸日上的时候，中原却开始了它的动乱期。昔时，周平王的东周建立在诸侯国相助的前提下，这便为日后东周诸侯的夺权行动埋下了远因。而在诸侯强盛的时代，周王朝却没有出现一个有为君王。相反的，东周内部的荒唐事迹却始终为其权力旁落提供着可能性。

在秦德公死后不久,东周也经历了它的一场政变。这场政变基本意味着周王室再也无力挽回自己的颓势,与此同时,也为强大的诸侯们提供了建立霸业的途径。齐国、晋国在这个时候开始在历史上记下了他们的伟大事迹。而继秦德公之后,秦宣公已经开始将东进的计划付诸实际。

周廷的震动

秦宣公元年（前675），秦国国都雍城再次响起了庆祝王位交接的仪式，秦德公的长子秦宣公在众人的殷殷期待中端庄地走向王位，在一片充满敬意的欢呼声后，稳稳地坐在了王位之上。

秦宣公作为秦国史上又一个出色的君王，他的登基年也似乎预示了这种不平凡。因为就在秦宣公稳稳地坐上他的王座之时，东方周王室的王位却再次动摇了起来。这一静一动似乎在预示着这两种势力的此增彼减，在秦宣公作为一个有为君王开始他精彩的政治生涯时，周王室在秦宣公元年所经历的"子颓之乱"却使它彻底陷入了衰败的泥沼。

周朝在周桓王期间被郑庄公骑到了头上，王室权威的落地使周桓王如其祖父周平王一样郁郁而逝。周桓王在其去世之前，曾暗中对大臣周公黑肩表明了自己对继位者的立场。在周桓王眼里，次子是优于长子的。这次暗示使得周王室在周桓王死后不久随即爆发了一场由周公黑肩引领的"子克之乱"。"子克之乱"对于周王室的政权影响虽说不大，但它却足以作为夺权的榜样——后来的"子颓之乱"即是以它为借鉴。

继承周桓王位子的是其长子周庄王姬佗。周庄王和周桓王有一样的癖好，对于自己幼子的喜爱胜过长子，当年的子克之乱的根源就在于此。周庄王的幼子叫作子颓，尽管庄王倾向于让子颓继位，但在各方面的压力之下，最后也只能根据祖规让其长子姬胡齐为王。姬胡齐的继位令子颓感到不满，这时一种对立已经形成在两个兄弟之间。

不久后，姬胡齐死去了，他的儿子姬阆继位，是为周惠王。周惠王这人在即位之初即表现了他的贪婪性格。他强令占取了蔿国的园圃用来饲养他的野兽，又夺取了周大夫边伯在王宫之旁建立的房舍。此外，周大夫詹父和子禽、祝跪的土地田产，以及膳夫石速的俸禄都在他的强迫下进入了他的口袋。

周惠王这种强取豪夺的行径令这几位受害者感到异常愤怒。在这种愤怒的驱动下，这几位受害者进入了团结一致对抗君王的状态，他们以周庄王生前曾经叮嘱说要立子颓为王作为理由，联合贵族苏氏一起进行了一场推翻君王的政变。这场政变虽来得轰轰烈烈，却并没有取得它所希望的成果。叛乱的结果是政变者出逃，子颓作为政变者拥护的对象，也被迫逃到了卫国。

当时卫国的君王是卫惠公，卫惠公所以会收留子颓自是有他的原因的。恰时，卫惠公有一个政敌公子黔牟被周王室给收留了，这事因此在卫惠公的心中印下了深深的伤痕。此时却正好让卫惠公找到了报复的机会，因此卫惠公立即联合起燕国，表明了自己支持子颓的立场。

当然，关于公子黔牟无非只是一个借口，更吸引卫国的其实是对于权力的掌控。这也说明了一点，在周王室王权旁落的时代，只要有点实力，是没有一个诸侯国不想站起来控制整个时代的，而迎立周王将使得这种权力来得轻而易举。因此，卫国把握了这个机会，企图令自己站立在权力顶峰。

卫国单凭借自己一国的实力实在无法与中央抗衡，因此卫国找来了有一样企图的南燕国。卫国和南燕国由此联合起来，为这场叛乱提供了大规模的军事支持，这种支持使得周惠王在此时并不能像当初一样幸运。因此，周惠王被迫出逃。子颓在卫、南燕的帮助下，坐上了周王的位子。

郑厉公作为郑庄公的后代，调停子颓与周惠王间的关系，然而他的努力却得不到任何回应。受不到尊重的他在大怒之下于次年出兵南燕国，俘虏了南燕国国君仲父，然后将周惠王迎回自己的国都好好伺候着。不久后，郑国联合虢公以军事行动入侵了周王室都城，子颓和边伯等人在热闹的宴席上从此失去了他们的权力。

子颓之乱平定后，周惠王重新入主周廷。为了表示对郑、虢二公的感激，他将酒泉（今陕西东部一带）之地赐给虢，将虎牢

（今河南荥阳西北）以东之地赐给郑。这次赐地造成的直接结果是，周王室的土地再一次缩小。

子颓之乱作为春秋初期周王室的一场具有代表性的内乱，源于当时的一种政治现实，而又加剧了这种现实的程度。这个现实就是贯穿了整个春秋期间的一种政治状况，即小国对于大国的依附。

我们已经知道，在秦德公年间，有梁、芮小国依附了秦国。其实，在春秋历史上，这种小国寻找大国依附的例子比比皆是。因为在周王权力逐渐衰退的情况下，如梁、芮这样的小国都明白乱世中该认的是霸权，而非王权。因此，在当时缺乏独当一面能力的小国都纷纷寻找着可以保护自己的大国。这种局面表明了乱世中弱肉强食的现实，也体现了作为中央政权的周王室，其统摄诸侯的威望已经大大地受到了削弱。这种削弱造成了周王室中有心变革的君王的骚动，因此，这些君王经常采取难以缓冲的贸然行动。如周桓王对于郑庄公的正面对抗直接导致了周郑交质这种削弱周王室权威的事件的发生。再如子颓之乱中，周惠王对几位大夫的强取在某种程度上意味着周王室对王权的执着。这种执着直接造成了诸侯的不满，诸侯的反抗与参与又加剧了王室的削弱。如子颓之乱后，周惠王更加受胁于郑国此类的大诸侯国。因此，东周王室在这种恶性的循环下已经难以夺回本属于他们的王权。

周王室的动乱引起了众多诸侯的注意，其中当然也包括刚即

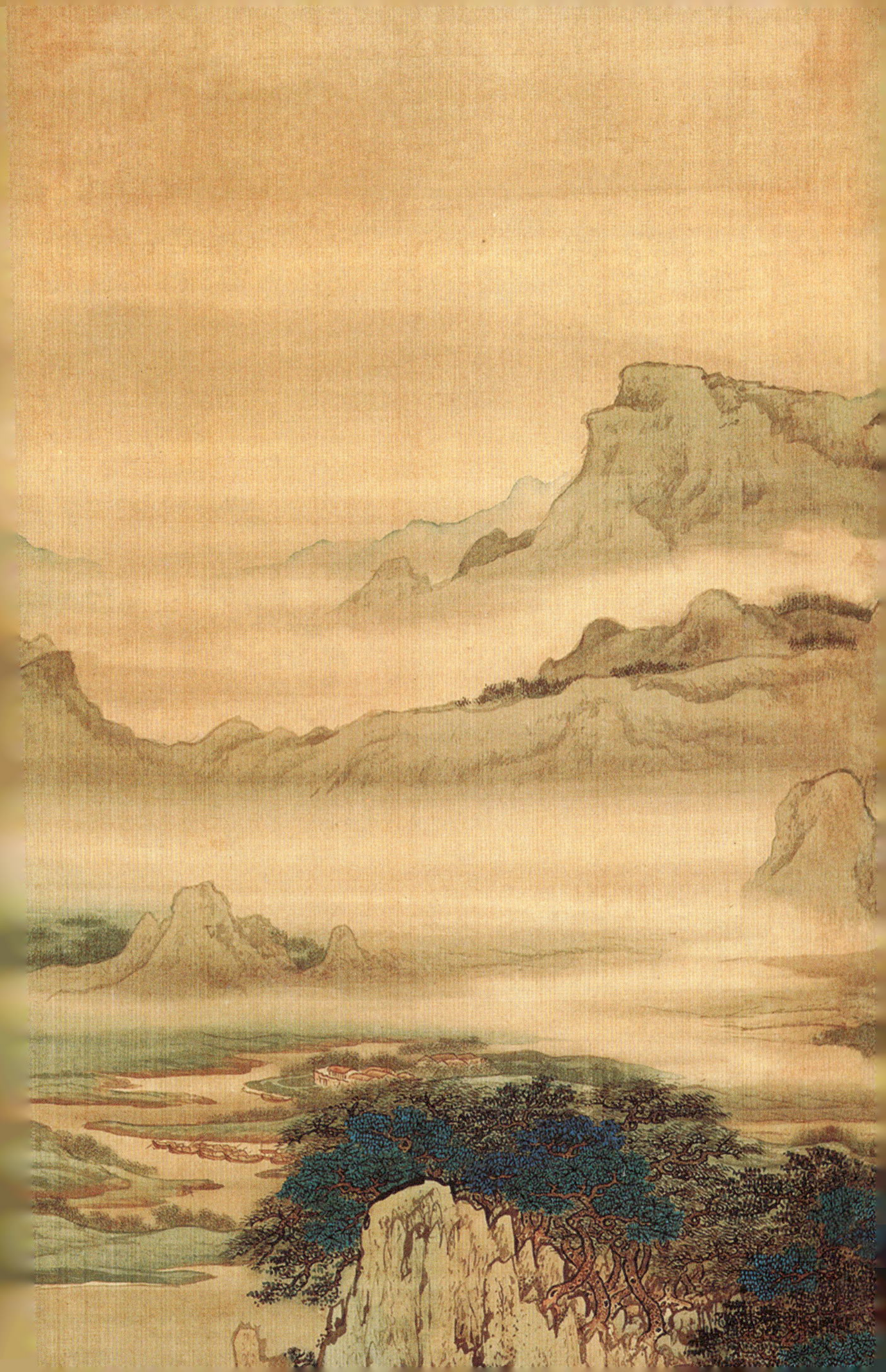

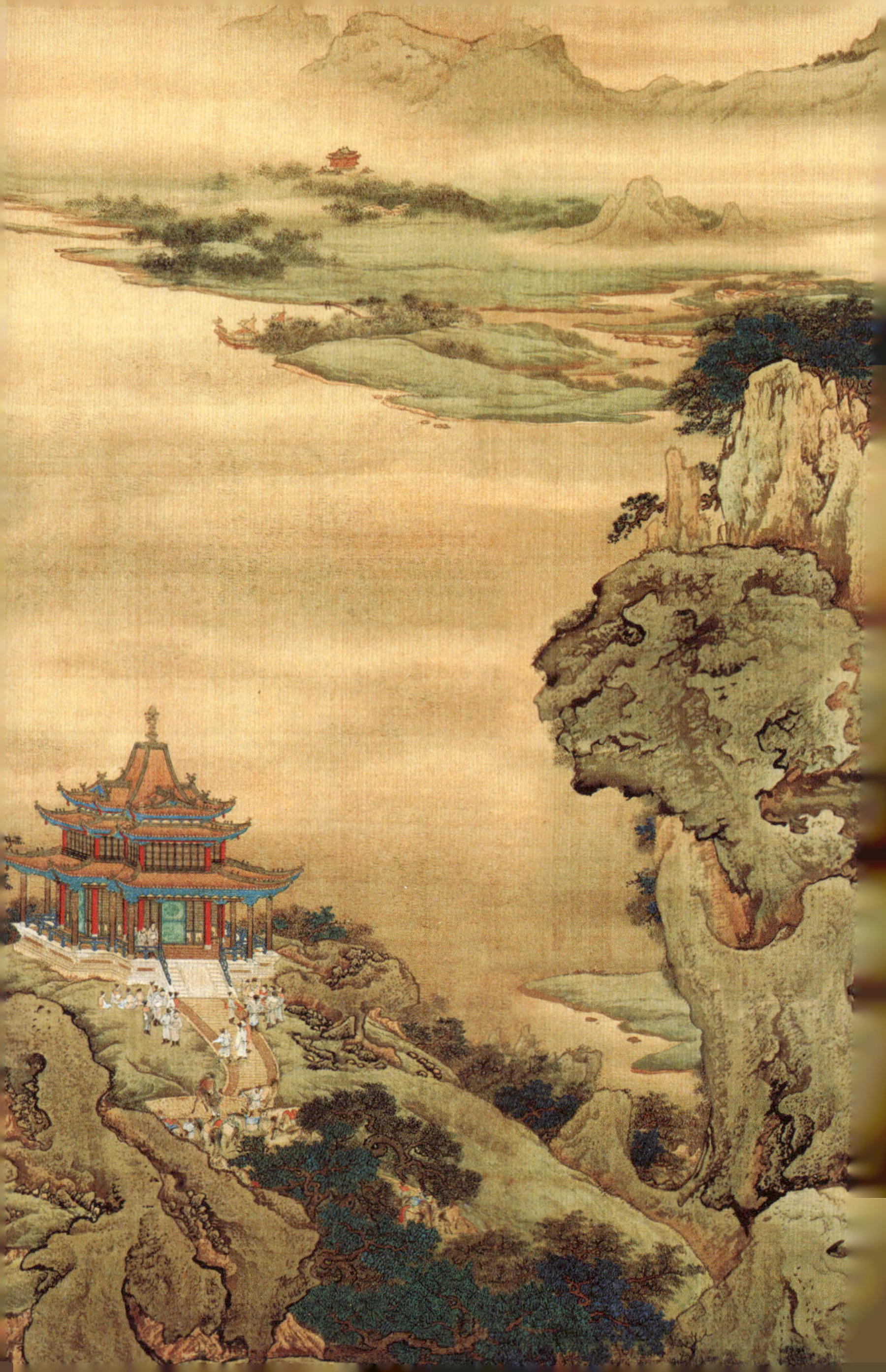

位的秦宣公。秦宣公想起了秦襄公的时代，当时西周末年的政治腐败与现在的东周政局有着几分相似性，而秦襄公便是利用这种时代背景直接促成了秦国的崛起。在这种思想下，秦宣公似乎也看到了属于自己的机会。

但是，在这种相似性下又存在着一点点的相异之处。当年西周周幽王的事直接关联到西戎，而西戎作为西北民族，与秦国自来有着密切的联系。因此，是西戎的参与给了秦国保护周朝的理由，否则，作为一个连诸侯都不是的地方势力，秦人的勤王只怕让人觉得是多管闲事。而如今，东周的内乱发生在周王室内部，即使有外来势力的干涉，也仅仅限于郑国这样的中原大国。在这种情况下，位居西北的秦国自然缺乏参与的资格和理由。

秦宣公分析出了这样的不同之处，因此，在子颓之乱于东方轰轰烈烈地上演着的时候，秦宣公只是做出了观望的姿态。当然，既然是观望，就表明了秦宣公也明白一个事实，即周王室如果再这样继续衰败下去，同时只要他让秦国再发展一段时间，自己将会有足够的实力去干涉东方的事务。

因为秦宣公对待子颓之乱的态度，秦国得以在这四年期间（前676至前673）继续韬光养晦，和平地发展着自己的经济。由此，秦国的实力在秦德公之后又往前推进了一步。秦宣公作为又一个出色的秦国国君，在即位之初便毫不吝啬地展现了他的能力。

秦宣公对于东方的政局还在观望中，在这期间，他不但看到了周王室的衰弱，同时，他也看到了一个诸侯国的称霸之路。这一个诸侯国叫作齐国，在一个叫作小白的君王那里实现了它的霸业。

小白同志来了

秦宣公在自己的国都里聆听着来自东方的消息，子颓之乱为他带去了几分惊喜，同时，在情报人员收集到的消息里，那个在秦武公年间就实现了他的霸业苗头的青年人，现在还在凭借着他的威望对这个时代施加着影响。

这个青年人就是齐国历史的一代霸主，也是春秋历史上的首霸齐桓公。

齐国是西周开国后，周武王封赏给太公吕尚的封地。试想，姜太公那时在周朝的地位何等之高，由此也可知齐国自立国以来在西周的政治上便可属大国之列。到了春秋初期，齐国内乱迭起、外患杂错，这种局面到了齐庄公和齐僖公年间才现转机。二公之间，齐国元气渐复，国力日增，主盟诸侯，大有小霸的威势。后齐襄公继位，企图借庄僖余威来控制诸侯，却适得其反。更兼襄公荒淫无耻，与自己嫁与鲁桓公的妹妹私通，并谋杀了鲁桓公，致使齐鲁交恶。襄公胡闹，最终闹得众叛亲离，落到了人心向背的地步。

公元前686年，秦国政局刚在秦武公年间得到稳定，内乱的棒子却接到了齐国国里。当时，齐襄公的一个堂弟公孙无知发动叛乱，弑杀襄公而自立为齐公。齐国政局动荡，逼得公子们不得不出逃他国。这期间，未来的齐桓公便在这逃亡的行列中，他的名字叫作小白，此时他正逃往莒国。而和小白一起出逃的还有他哥哥公子纠，逃到了鲁国。

公孙无知自立为君，却得不到齐人认同，一年后便被齐国贵族所杀，齐国落入无君的困境，顿时一片慌乱。得知这个消息的公子纠和小白都连夜回赶，希望赶在对方之前回国当上齐公。当时，鲁国发兵护送公子纠，并派公子纠的老师带兵去堵截往齐国赶去的小白。这个老师正是一代名相管仲。

管仲追赶上小白的队伍，搭弓射箭，一箭便射中了小白腰间的挂饰。真幸亏管仲这箭走偏，要不然齐桓公哪有机会让他的名字响彻天地？当时小白见管仲赶来本已心慌，又差点中了他的箭，惊吓之余，小白只好假装倒地而死，以欺骗管仲。管仲远远望去，见小白中箭后倒地，还真上了他的当，赶忙派人向公子纠报喜。公子纠得知劲敌已死，悬着的心便落了下来，于是命令军队别急，要慢悠悠地、华丽地走回国去。

可在公子纠还没回到齐国时，他便得知自己的弟弟小白已经当上齐国国君了。原来齐桓公装死骗过管仲后，便兼程赶回齐国，在公子纠之前顺利回到了齐国，在贵族们的支持下当上了齐国国君。公子纠再不甘，他都不得不承认，在第一步棋上，小白便比他高了一招。

齐桓公一上位，便立即派出军队发兵迎击鲁军，最后在干时（今桓台）大获全胜，鲁军败回。那时候，齐国众臣子都认为应该要逼死公子纠，免留后患。但是，对于公子纠的老师召忽和管仲，齐桓公的老师鲍叔牙却不舍得杀害贤良。因此，鲍叔牙给鲁君去信，信中表示希望鲁君替齐国杀死公子纠，而将召忽和管仲放回，齐国自会对他们施予极刑。

最终，公子纠被鲁人所杀，而忠心耿耿的召忽却也自杀以陪主，唯有管仲被囚禁，送回了齐国。当时，桓公看到管仲，忽然想起那一箭之仇，愤怒之下便下令斩杀。幸好鲍叔牙和管仲是至交，又深知管仲其人具有大才，因此他请桓公息怒，并将管仲推荐给了桓公。齐桓公也是明理人，既然鲍叔牙如此说了，那就叫来验证验证。于是桓公将管仲请来，和他谈论霸王之术。只见管仲侃侃而谈，说得桓公大喜过望。从此，管仲成了齐桓公的第一顾问。

管仲为相后，指出了齐国的种种弊端，并做出了针对这些弊端的改革，改革囊括了政治、军事、经济等各大方面。在这次齐国改革中，管仲彻底发挥了他身为一个国家总理的能力，在齐桓公的支持下，在其余四位大臣宾须无、隰朋、鲍叔牙和宁戚的帮助下，使齐国从一个人心惶惶的灾难国家，回到了昔日的辉煌，甚至还将这种辉煌推上了一个前所未有的高度。至此,齐国的国力已无人能及。

国家发展到了这个地步,齐桓公便开始着手实现他当初的霸主梦想。在称霸的道路上,齐桓公首先向各位邻国亮出了自己的实力。因此,桓公和南方的鲁国、北方的燕国、西方的卫国联盟,其目的便是利用这些国家的地理位置,来作为自己的屏障。这些国家在任何一个方面都比不过齐国,也只好心甘情愿地为它服务。

秦武公十七年(前681),齐桓公在齐国甄地召集了宋、陈、蔡、邾四国诸侯举行了"北杏会盟",旨在协力平息宋国内部争夺君位的变乱。"北杏会盟"说明了齐桓公已经开始以霸主的身份插手他国事务,而齐桓公也由此开了以诸侯身份主持天下会盟的首例,并成了历史上第一个充当盟主的诸侯。

"北杏会盟"将齐桓公的威望提上了一个更高的层次,虽然如此,也不是每次都有诸侯愿意赏桓公的脸。就在"北杏会盟"后不到一年,宋国便公开背叛盟约了。面对这种不给自己面子的行为,齐桓公决定要治它一治。

齐桓公并没有贸然出兵宋国,他的第一步却是派人带着丰盛的礼物前往洛邑拜见周天子,然后向周王说宋国随意废立国君,是不尊重周礼的表现,恳请周天子出兵兴师问罪,以卫周王室的权威。当时周天子也正好想借个诸侯的力量来重新树立天子威望,于是他答应了齐桓公的要求,派出部分兵力,在齐桓公的支持下，联合其他诸侯一起伐宋。

在周王室大旗的压制下，宋国无可奈何，它可不想背负上抗御王师的罪名。因此，宋国只好重回以齐国为盟主的联盟。

这次讨伐宋国让齐桓公学到了一个道理：利用周王室的旗号来控制诸侯，这是最方便的称霸途径。从此，齐桓公又开创了挟天子以令诸侯的风气，为后来的争权诸国提供了一种夺权方式。

公元前679年冬，齐桓公再次以周天子的名义，集合了卫、郑、宋三国国君在齐国举行会盟。盟会上，各国诸侯看到周王室的旗号在齐桓公的身后飘扬着，看到周王室代表对齐桓公的支持，再也没有一个诸侯敢跟齐桓公叫板。从此，齐桓公确立了他的春秋霸主地位。

齐桓公的这种地位在公元前678年更上一层楼。这一年，秦国的君主秦武公在低调地发展了秦国之后，默默地离开了人间。而齐桓公却再次集合了鲁、宋、陈、卫、郑、许、滑、滕等国在幽地会盟，高调地向世人宣告：他齐桓公才是天下的主人。

当秦国的接力棒来到了秦宣公手上时，齐桓公还在继续发展着他的霸业。这期间，桓公的威望越来越高，连远在西北的秦人都感受到了这一代霸主的力量。在秦宣公去世之前，齐桓公便实现了他多次会合诸侯的理想。当然，这还不够，在齐桓公的有生之年，他将实现他"九合诸侯，一匡天下"的壮举。

齐国在齐桓公手里一直走着，而秦国也在宣公手里默默地发展着。齐桓公虽然强大，但对于秦人的影响无非为它提供了一个称霸的模板,毕竟秦人远在西北,这便注定了齐桓公和这个国家无法有太多的交涉。因此,中原诸侯大会,这些都和秦国没有多大关系。秦国虽然很想参与其中,但为了这个目标,它还需要多加努力。

当宣公将眼光从齐国身上稍微拉回一点,他看到了另外一个国家的兴起,而这个国家正与自己毗邻。这是否便是上天给自己的一个机遇?一个涉足中原的机遇。

这个国家叫作晋国,与秦相邻。在秦宣公的东进战略中,它始终是作为第一目标而存在的。

宣公以晋为窗

齐国毕竟距离秦国有很远的距离,因此秦宣公对于齐国的关注有点舍近求远。其实,更让秦宣公感兴趣的是在他旁边的一个国家。这个国家叫作晋国,它的存在在给秦国往东发展的机会的同时,也遏制了秦人东进的念头。

关于晋国的立国历史有两个版本,一个来自《左传》,一个来自《史记》。哪种说法正确其实并不重要,关于远古的晋国历史,我们只需要知道它的姓来自周王室的姓——姬姓,也就足够了。

当晋国在晋文侯手里时,因其在周平王战败携王以及平王东迁这两件周王室的大事上都出了大力,因此被周平王大加赞赏,晋国遂在晋文侯手里进入它的第一个发展高峰期。

晋文侯死后,他的儿子晋昭侯继位。这个晋昭侯或许太孝敬了,因此他慷慨地将一个叫作曲沃的城池封给了他的叔叔。为什么说他慷慨呢？因为这个曲沃城比起晋君的都城翼还要大。将一个比自己的都城还大的城池送给别人，这第一违背了当时的君臣礼仪，第二也为别人的争权活动提供了便利。看来，晋昭侯此举似乎已经为以后的历史做出了预示。

果然，在这之后，晋昭侯就为他当初的糊涂吃了苦头。因为这个曲沃公在曲沃站稳脚跟后，便开始觊觎晋侯的位子了。这种觊觎直接造成了晋国两城之间多年的战争。这场持久战中，曲沃先是败了两战，最终在曲沃武公的手里顺利达成了目标。

曲沃武公在曲沃继位后，便继续了前人夺取晋国执政权的战争。在曲沃武公的奋力下，最后曲沃军于公元前709年成功掳走了时任晋侯的晋哀侯。晋国的贵族见国王被虏，为防止国内骚动，即时立哀侯的儿子为晋侯，是为晋小子侯。

晋国在小子侯年间，曲沃武公已经将自己控制下的疆土大大扩张，而衰弱的晋国王室对此也只能表现出无可奈何的态度。晋国的王权将在谁之手，其实已成定局。

小子侯四年，曲沃武公又出兵翼城，诱杀了小子侯。曲沃武公作为晋国旁支，多次弑杀正宗，这其实是当时礼乐崩坏的一个写照。就在曲沃武公弑杀小子侯前不久，鲁国便发生了宗室羽父弑杀鲁隐公之事，而鲁国作为春秋时期保留周礼最完整的礼仪之邦，会发生这样的事，便可见周礼在当时已经开始崩坏，而天下混乱的局面自然也无可避免。

周王室也不想发生这样的事，为了维护自己的威严，周桓王便出兵讨伐曲沃。在周王室的干涉下，曲沃武公未能顺利控制晋国大权。但是这种情况没有持续很久，公元前678年，武公再次出兵灭晋公室，还将晋国宫里的宝物献给了周釐王。当时的周王室已经不得不借用齐国的实力来持续自己的威严，因此釐王对于曲沃武公灭晋一事并没有太大的干涉能力，最后也只好顺其自然，将曲沃武公封为晋君，是为晋武公。这便是晋国历史重要的曲沃代翼事件。

在晋武公前三代的共同努力下，曲沃终于成为晋国的正宗，开始了掌管晋国的历史。晋武公死后，由他的儿子姬诡诸继位，是为晋献公。

晋献公在位期间先定内患，巩固了君位，也稳定了政局。然后继续发展晋国，在奉行尊王政策的同时，大力向外进行征讨事业，结果将晋国发展成了一颗无论是在政治上，还是在军事实力上都令人瞩目的新星。

晋献公继续发展着他的晋国，他想要自己的国土面积比现在再大出一倍。但是，在晋国的东面是时任霸主的齐国，晋献公可不敢在它头上动刀，而晋国的南面又是实力和自己相当的楚国，晋献公也不想和它扯不清。在晋国的西面有一个国家，国土够大实力却又不甚强，因此，晋献公便将矛头指向了它。

这个在晋国西方和晋国毗邻的国家正是秦国。当时秦国在秦宣公手里低调地发展着，但是这种低调还是引起了邻居的觊觎。其实，秦宣公也一直在觊觎着他这个邻居，只是晋国实力和威望都比自己高，因此宣公不便轻易动手。而从来挑起争端的都是强大的一方，因此，晋国便先出手了。

晋国多次入侵秦国，但秦宣公一开始还是保持着低调的态度，不愿将和晋国的战争上升到白热化的地步。但是在晋国多次的挑衅下，就是宣公受得了，秦人也受不了。在秦国国民和大臣们的多次劝谏下，秦宣公最后毅然下定决心，发令全国开始进入与晋对抗的状态。

就这样，秦宣公四年（前672），宣公在祭祀了青帝之后，正式对晋宣战。

这兴许是秦晋之间的第一次战争，也兴许是秦国对东方诸侯国的第一次战争。在这之前，秦人都忙于和西戎交涉，虽有心向东，却也无力向东。此时，晋国自己挑起了战端，准备了那么久的秦宣公也就决定不再等待了。既然往东的机会已经提前来临了，那自己又何必再去谦让呢。因此，秦宣公开始了他以晋为窗的东进战略。

在秦晋多年的交战中，晋国虽较具实力，但秦人在与西戎对抗的多年经验下所累积的虎狼之性，却也令晋军不敢小视。因此两国之间并无很大的胜负，两家往来小打小闹，对两国，对整个春秋都没有造成任何大的影响。

时间过得很快，在和晋国吵了八年之后，宣公终于在秦宣公十二年（前664）逝去了。秦宣公作为秦国的又一个贤君，继续发展了秦国国力。最为可贵的是，秦国历史在宣公年间进行了改写，从一个专注于内部发展的封闭式诸侯，转向了与中原文明国家争强的自信社会，这是秦宣公最大的贡献，是秦国历史上值得后人纪念的里程碑。

秦宣公死了，继位的是他的弟弟秦成公。成公这人在位短短四年，一生平庸，没有大错也没有大功。但这期间发生了一件事，让秦成公和他的后人明白，要想东进还需要多加努力。

秦成公年间，齐桓公以中原霸主的身份来到了西方征讨戎族，因为当时有一个戎人政权孤竹国（今河北卢龙一带）出兵入侵燕国，燕国告急于齐。齐国大兵来到孤竹，当时秦国有大臣考虑到孤竹距离自己国家甚近，孤竹之灭对秦国或许不利，因此提议成公出兵相助。

秦成公虽然平庸，但平庸的人经常有一个优点，那便是有自知之明。在成公思虑过后，他向大臣解释说秦国的国力远远弱于齐国，要和齐国正面对抗基本是不可能的。因此，秦国放弃了这个援助想法。

确实，以秦国当时的实力，要和中原霸主齐桓公较劲，那只是拿石头砸自己的脚，秦人自己是明白这点的。也因为他们明白这点，他们才更加感慨自己的地位，比下虽有余，比上却又这般不足。所谓人外有人，天外有天，齐桓公的大兵临近眼前，秦国便失去了任何骄傲的资本。看来，以晋为窗只是第一步，要想继续东进，秦人还需要更加努力。

秦成公四年（前660），成公在安静地过完他短暂的君主生活后便与世长辞了。继承秦成公位子的是秦成公的弟弟,便是后来被称为秦穆公的人。这个秦穆公常有霸业之心,这时候,君王的位子传到了他这里,或许,这便是他一展其才从而实现毕生抱负的时候了。

第三章

春秋争霸：秦穆公的伟大事业

穆公的霸业

夹带着几点感伤的眼泪,一条小河缓缓地流过秦穆公的脚下,几片落花纷纷扬扬地飘着,荡落在地上,慢慢地消融在了泥土之中。秋意的萧条令人感到仿似遭受大自然的抛弃,几座陵墓之前,秦穆公和他引领的大臣班子一齐跪倒,这情景为本已肃杀的气氛增添了一分牺牲般的壮烈。

秋天平静地来,却在秦穆公的心底搅起了不平静的波澜。在先祖的陵墓之前,毫无表情的秦穆公给大臣留下了一种深不可测的印象,而在这个时候,只有他自己最清楚,他所想做的超过了先辈们已做的一切——齐桓公会盟诸侯的背影深深地印在他的心里。

秦穆公是想称霸的,当然,谁不想称霸?自秦襄公立国以来,毕竟缺少先例,所以这种想法在襄公时候也只是若隐若现,并没有作为一个目标为之努力。而到了秦文公时,虽然在一系列神话里见证了秦国已经萌生了称霸的念头，但由于生产力的低下，自认不足的秦国也只能以发展为先决条件，一代一代地为这个遥远的目标而奋斗着。

到了宣公年间，实力大增的秦国开始了东进的势头。这时候，作为秦国邻居的晋国已经感受到了来自近邻的压力，秦国的霸者事业也在成功遏止了晋国前进的当下里得到了自信的力量。自信一来，秦宣公却走了。未来得及将这种事业进行到底的秦宣公将接力棒递交给了弟弟秦成公，平庸的秦成公在这方面并没有太多的想法，反倒是当时在秦成公后面的秦穆公着急地燃烧着他的决心。

秦穆公名任好，是秦德公的少子，秦宣公和秦成公的弟弟。秦成公在位短短四年就结束了他的生命，同他哥哥一样，具有兄弟情谊的秦成公将君王位送给了他的弟弟秦穆公。这种兄弟情谊为毫无出彩的秦成公抹上了一点亮丽的颜色，因为秦穆公在日后的表现将为这份情谊做出肯定的回应。

秦穆公想着称霸，就算不能称霸整个中原，也必须将自己推上西北地区的霸主位子。这种念头催促着他，令他时刻不敢松懈。就在秦穆公继位的第一年（前659），便开始了他的扩张疆土事业。

秦穆公是幸运的，他的先辈们为他留下了一个国力强盛的国家，因此秦穆公本无须为他的征伐事业顾虑太多，所以他继位后的第一步行动便是出击茅津（今山西芮城东）的戎人。这些戎人夹在秦国和晋国之间，秦穆公要想成功实现与晋国的交涉，就必须先平定这部分戎人的势力。

秦穆公在成功征讨了这部分戎人之后，便将眼光正式移到了晋国的身上。关于晋国，秦国在秦宣公年间开始了和这个国家的交涉。在与晋国的长年小争小斗中，秦国虽无大败，但它的实力确实仍在晋国之下。虽然秦国经过多年的发展国力有所增长，但与中原大诸侯国对抗仍显力不从心。

但是这并不妨碍秦穆公东进的决心，硬的不行，就来软的，在这方面，秦穆公和当年的秦襄公是一样的。秦穆公自知实力不在晋国之上，若要打肿脸充胖子，对自己是无益的。这种情况下，秦穆公想起了当年秦襄公对待西戎的政策——和亲。

秦穆公五年（前655），晋国还是晋献公在当家，当年晋献公灭了虢国和虞国，霸气正盛，秦穆公于是做出毕恭毕敬的样子写了一封信给晋献公。信中在一贯的客套之后，表明了这封信的目的：秦穆公希望能娶得晋献公的女儿。晋献公收到这个请求，在一阵迟疑和公开讨论后，最终做出了决定：将自己的大女儿嫁给秦穆公。

晋献公作为比秦穆公还有实力的诸侯，和秦穆公结亲已经算是给他面子了，何况这门亲事的主角还是自己的大女儿。就这一点而言，也足以见出晋献公对于秦国的防备也不是丝毫无视的。当然，让一个诸侯国的君主当自己的女婿，这对于晚年的晋献公来说，也不失为提升自己威望的一个方法。

任何一门政治联姻，在背后都有双方各自的打算。秦穆公的对晋政策采取和亲的原因：其一是因为自己实力的不足，多年的秦晋之争对于秦国并无益处，相反，短暂的和平能为秦国争取一段发展的时机。其二，晋国作为秦国向东方前进的门户，要对东方施加控制力，就必须先搞好和晋国的关系，因此秦穆公此举无疑是借晋国为踏板，开始他的东进计划。关于第一点，秦国是老手，自然无大碍。关于第二点，就在这次结合的几年后，也就是晋献公走到了他的将逝之年时，历史将会证明秦穆公的政治眼光是具有前瞻性的。

对秦国联姻一事上，晋献公有自己的算计。晋献公虽然实现了晋国的强大，但此时的他也已步入晚年。一个重病的老政治家已经有心无力，只能逐渐将眼光缩回到了宫廷之内。与此同时，位于晋国南部的楚国正在崛起，这个国家对于晋国的发展也有了一定的威胁，另外，晋国的东方又盘踞着老牌诸侯国齐国。在这种多方夹击的情况下，晋国就有了稳定各方的理由。

当时，晋和三大国接壤，晋国和齐国实力相当，发生大冲突的可能机会较小，因此对于晋国的问题就徘徊在结好秦国或是楚国之上。因为楚国从南方崛起，日益威胁到北方各诸侯的地位，因此北方诸侯对其均报之以仇视的态度。这一点，齐桓公先向世人表明了他的态度。当时，齐桓公就曾派出军队准备伐楚，并为这次的出兵行动列举了两点理由，无外乎是楚人不尊重周王室的借口。另外，后来的霸主宋襄公也曾被楚所囚，释放后还和楚发生了一场大战。楚国的遭遇表明了,在当时诸侯争霸的背景下,中原大国对于一个猖獗的"外来户"是可以持一致打击的立场的。晋国作为中原大国,自然也不会例外。

和楚国相比,秦国在西北虽然也有崛起的态势,但只因秦人一贯忍耐,做事低调,所以他们的崛起并没有令其他诸侯国感到威胁。同时,秦国和当时的霸主国齐国中间隔了一个晋国,因此秦国的崛起并不会对齐国构成直接威胁,齐国认为没有必要对秦国施压。秦国正是在这种情况下获得了中原大国的认可,虽然这之中有些许轻视的因素。

在如此对于秦、楚两国的考虑下,晋国显然还是会倾向于秦国的。正好,秦穆公也懂得这样分析,因此他及时出手,将这个分析中的春秋格局变为现实。懂得韬晦之计,这无疑是秦国比楚国聪明的一点,借由这一点聪明,秦国顺利打进了中原诸侯大国的行列。

秦晋因为各种对于自身的有益考虑,终成婚姻,为日后令人津津乐道的秦晋之好起了一个好的开端。而"秦晋之好"也因此成了政治联姻的代名词,到了后来,摒弃了政治因素,它也成为男女婚嫁的形容词。

秦穆公的称霸之路在"秦晋之好"上面获得了一个好的开端,其实这种霸业预兆不仅仅在于此,就在秦穆公即位的那一年,便发生了一件即将改变秦国命运的事。

我们知道,晋献公选择秦穆公的原因不仅仅是从自身的位置上来考虑，秦穆公本身的势力也是晋献公愿意和他联姻的因素之一。秦国到了秦成公时早已声名在外，对处于西北的各个戎人部族来说更是如此。这种情况下，戎人部族对于秦国的崛起已经慢慢地起了忌惮之心。因此，就在秦穆公刚即位的时候，鉴于秦国在西北的威望，西戎人当即派出了一个人出使秦国。而这个人的到来令秦穆公看到他称霸西北的一丝曙光。

由余是个好青年

秦穆公元年（前659），穆公作为君主，正召开着他生平的第一次会议。正当秦廷纷纷响起一声声积极向上的献策音浪时，外头忽传："西戎绵诸（在今甘肃天水东）部族派使者由余来见。"众大臣一致静默，没人知道由余是何许人，这时候令他们注意的不过是"西戎"这个字眼。可是，待日后，"由余"将会取代"西戎"，令秦廷上的官员们瞠目结舌，敬佩不已。

秦穆公也没听过由余这个名号，但既然使者是来自西戎绵诸，而绵诸在当时的西戎各部族中是数一数二的大部族，这自然让秦穆公表示出浓厚的兴趣，于是将由余唤了进来。

这由余相貌虽不出众，其敦厚的眼神在秦人眼里更像个二愣子，不过举止大方的他显得气度非凡，不下于任何一个站立在秦廷的人。秦国百官议论着他，心想这个人虽有气节之傲，却时刻显出了仁义的精神，而这一点与他们印象中蛮横的戎人大有出人，因此啧啧称奇。

由余在众人的注视下却一点也不显慌张，他淡定地走到秦穆公面前，向他致以戎王对秦穆公的问候。接下去的一阵对话，由余的表现可谓举止大方、谈吐非凡，而秦穆公向来爱才，自然便对他产生了好印象。

能人在前，秦穆公立即抛下君王的面子，走下他的位置，快步来到了由余面前，用自己的手挽起由余的手臂，将他带出了王宫之外。由余和秦穆公并排行走，难免感到些许局促，心里默默想着这位君王竟然有如此爱才惜才之量，不免对秦穆公产生了一些敬服。

两个人就这样在秦国的王宫里行走着，后面远远跟着一群臣子，见秦穆公对由余表示出如此的亲密，都觉得惊讶。其实后面臣子也不必过分惊恐，秦穆公和由余不过话话家常而已。秦穆公觉得由余的举止不似西戎人，并向他表示出自己的疑问。原来，由余也是华夏族人，其始祖可追溯到夏禹的第三子少康氏。后来由余的祖辈因为中原战乱，从晋国避乱到了西戎，遂世代在西戎居住。

秦穆公一听由余不是西戎人，而是晋国人，自然喜出望外，急忙翻出族谱，聊起了伯益和大禹的往事。在一番聊天之后，两人的关系更加亲密，真是相见恨晚，这时候秦穆公已经巴不得将由余留在秦国了。

当然，说两人亲密是一回事，秦穆公对于由余的喜爱自然一方面表现在爱才之心，而另一方面，也是最为重要的，当然是因为秦穆公深深地觉得，由余对于他的霸业必然能提供相助之力。因为由余长年久居西戎，对于西戎的内部情况比起任何一个秦国人都熟悉。而由余又恰恰是晋国人，这意味着由余不会对西戎抱着死忠的态度，同时也预示着秦国与晋国的关系即将有一个突破。

秦穆公是这么想的，可由余并不这么认为。虽然秦穆公对他如此看重，他自己也对秦穆公对他的器重心怀感恩，但是由余觉得自己虽身为晋国人，却世代在西戎当官，这份恩情自然要报。由余的忠义注定了秦穆公想留住由余不过是一厢情愿。

秦穆公带着由余走在偌大的王宫里，每到一处辉煌之地，穆公必然自豪地向由余介绍，每见一个精致之物，穆公也毫不吝啬地展示给由余欣赏。秦穆公心里想着，这样壮观的建筑，这样精美的物器，在西戎必定不常见，拿这些东西出来吓吓由余，让他见识什么叫大国。

秦穆公正值骄傲之余，等待着由余的称赞，哪知由余对这些东西却不屑一顾，只是微微一笑，并没有表示出称奇的讶异神情。秦穆公被泼了一盆冷水后，感到些许不满，而在他不满的同时也感到了几分疑虑：难道戎人有比这些更贵重的宝贝？

正当穆公疑惑之时，由余开口了，他说："使鬼为之，则劳神矣。使人为之，亦苦民矣。"（《史记·秦本纪》）由余认为秦宫之所以物质丰富，都是建立在百姓的困苦之上的。穆公一听就不服了，因为秦国向来跟随周人的礼制，而秦官作为秦国礼的最顶端，自然应该得到本属于它的荣耀。

秦穆公是这样想的，可是由余不赞同，他笑了笑，对秦穆公说出了他独特的政治见解。由余认为，正是周朝的诗书礼乐法度才使得周朝的管理出现问题。因为自先贤创立这些法度之时，他们作为创立者，必定带头贯彻执行，但后世君王一个比一个骄奢淫逸，这种情况下，礼制必然作为一种借口，维持着王室的奢侈生活。而在礼制的要求下，百姓受着统治者的压榨却不能抱怨，这便使得平民的生活越过越艰难。而民生问题作为一个国家的基本问题，当它得不到解决时，自然会阻碍国家的发展。

针对礼制所引发的问题，由余提出了仁义的概念来解释他的治国理念。他认为只要在上者对下以淳厚的仁德治之，在下者必然会以忠信的态度回应之，这样一来，国家在上与下相互的尊敬中，便能自动协调，和谐发展。

在这里，由余的思想里其实已经有了后来孔孟之道的"以民为主"的观点，他的仁义治国理念也早于孔孟，进入了秦穆公的耳里。所不同的是，孔、孟虽然同样希望用"仁"作为内在品质来规范行为，但他们同时也强调了以礼作为外部规范来辅佐。但由余却认为礼制作为一种仪式，若运用不当反倒会引发束缚的害处，对国家的管理并无太大的意义。由余的思想比起孔孟来带着更多功利主义的味道，毕竟由余成长于西戎，耳濡目染了西戎人的率性热血，这便是他和出生在礼乐之国的孔子之间的不同。

秦穆公听到由余这一席话，自然感到讶异。一来讶异于由余的治国理念有其创新之处，同时也讶异于由余的能力已经远远在自己的预料之外。不管由余的治国理念和秦穆公有几分共同语言，秦穆公都从中看出了由余的能力绝非一般，这更坚定了秦穆公留住由余的心。

这一次散步谈话令秦穆公心绪不宁，一来他想得到由余，二来他又怕由余这样的人才留在西戎会对他造成威胁。因此他叫来了内史廖，问他："孤闻邻国有圣人，敌国之忧也。今由余贤，寡人之害，将奈之何？"内史廖想出了一个办法，他认为"戎王处辟匿，未闻中国之声"，秦穆公可以"遗其女乐，以夺其志"（《史记·秦本纪》）。这时候再将由余送回西戎，由余必然劝谏戎王不要耽于娱乐。此时的戎王对由余的劝谏一定会心生不满。再者，由余在秦国逗留的时间较长，戎王必然会对他产生怀疑。如此一来，戎王对由余的不满定然更深。君臣之间有了心结，秦穆公只要稍稍示好，由余必然前来归降。

这个离间君臣的计策想得十分完美，但想要成功，还必须得戎王的配合。如果秦穆公不幸遇上了一个贤明的戎王，那么这个计划简直不堪一击。幸运的是，戎王没让秦穆公失望，像一个称职的演员，演好了内史廖导演的这场戏。

由余回到西戎绵诸，屡次劝谏绵诸王。绵诸王却认为由余已经倚向了秦穆公，才敢如此拂逆。当忠心直谏被当成了拂意叛逆，由余对于绵诸王便失去了信心。秦穆公见时机已到，派人前往由余处劝由余归降秦国。对绵诸王失去信心的由余，感于秦穆公的知遇之恩，也就从此离开了西戎，进入了秦国的宫廷。

秦穆公得到由余后大喜，虽然这时候他对于西戎还没有起兵的想法，但是由余留在秦国，一来为秦穆公去了西戎的一个大患，二来也为以后的讨伐西戎做好了人才准备。后来也证明了由余作为秦穆公花大力气抢夺过来的人才，并没有让秦穆公为他的开销感到不值得。

由余来到了秦廷，为穆公将来的霸业实现了一个完美的开端。可是秦穆公的首要目标不是西戎，他希望能尽快将自己打进中原诸侯的行列，而这一点在秦穆公五年（前655），在穆公作为晋国女婿这一点上实现了。其实，这场政治婚姻为秦穆公带来的不仅仅是地位的提升，还附带了一个比由余更有价值的人才。而同年，晋献公的国家也开始了一场内讧，作为晋国的女婿，这场内讧开始了秦穆公插足晋国内政的"事业"。

五张羊皮的买卖

在春秋时代,五张黑羊皮能买到什么?楚成王会告诉你:五张黑羊皮,只能找我买一个奴隶。但是秦穆公就不同了,他用过人的智慧,用五张黑羊皮买到了一个贤相。

这个贤相就叫作百里奚。

历史上的贤相,有待价而沽的,如蜀国的诸葛亮,你不三顾,我不出门。也有作为官僚世家成名的,如唐朝的狄仁杰,好的背景使他的能力得以更好地施展。当然,不是每个贤相都能摆摆架子的,也不是每个贤相都有一个好的家庭。商朝的伊尹在被商汤看中之前,他的社会地位属于奴隶;周朝的姜子牙暮年才开始辅佐周文王,谁还会想起年轻的他当过屠夫,卖过酒。和这两个名相一样,百里奚在当上秦国上大夫之前,也经历了他的低潮期。

秦穆公四年(前656),晋献公以假道伐虢的计策灭了虢国和虞国。当时百里奚正在虞国当大夫，虞国灭亡，他的地位顿时下降，从一个大夫变成了奴隶。时运不济的百里奚由此来到了晋国，加入了奴隶的行列。

百里奚本名虞奚，因为住在百里乡，故人称百里奚。百里奚的一生实在波折，在当上虞国大夫之前，他只是虞国的一户平民人家的孩子。家虽贫，百里奚的志却不穷，他自小便刻苦发奋，熟读经典，长大后成了学识过人的知识分子。可是当时没有科举，在宗法制度如此森严的虞国，一个平民孩子想当上官是极难的。因此，百里奚也只能抱着怀才不遇的遗憾默默地度着日子。

俗话说，成功的男人背后都有一个伟大的女人，这句话用在百里奚身上是一点也不过分。百里奚不遇伯乐，兼之家境困苦，因此时常在家长吁短叹。这样的男人若到了现在，基本披上了"没用男人"的外衣。但是，他的妻子杜氏见他如此颓废，非但一点也没嫌弃他，反而对他百般激励，甚至鼓励他出外去周游列国，寻找时机。一个低潮期的男性正需要女性的关怀和鼓励，若没有杜氏的见识，只怕百里奚只能一辈子窝在他的小屋里。

百里奚有了妻子的激励，又见妻子对自己充满期待，顿觉惭愧不已。因此，带着妻子的期望和自己的满腹才识，百里奚决定走出去，用自己的双手创造出一个天地来。

百里奚满怀热情地走过宋国、齐国，然而现实渐渐消磨了他的激情。一个外来人想在当地混已是难事，何况想拿个官位来坐？因此百里奚出走到现在，却得不到一个君王接见。就在百里奚即将放弃自己的天真的时候，他的救星出现了。

这个人叫作蹇叔，百里奚拖着失落的影子在齐国郅地遇到了他。两个知识分子一相遇谈得很投机，于是结成了知己。

交了一个朋友之后，百里奚本来那失落的心情瞬间重新高涨起来，他决定要坚持下去，当时似乎有一个时机来到了百里奚面前。原来当时齐国发生了政变，齐国公子无知杀了齐襄公，自立为君。公子无知当上齐君后，招贤纳士，百里奚得知后认为这是一个千载难逢的机会，遂想去应召。正当百里奚准备前往应召的时候，蹇叔拉住他了，蹇叔对他说："襄公之子出亡在外，无知名位不正，终必无成。"百里奚听了蹇叔的话，遂放弃了这个想法。第二年，如蹇叔所言，公子无知便被推翻了。

不久后，百里奚听到了周王室王子颓的名声，于是奔波到了国都洛邑，准备投奔王子颓。在百里奚临行前，蹇叔曾叮嘱他要好好选择，并约定自己处理好家事后，会前往洛邑见他。后来百里奚等到蹇叔，两人一起面见了王子颓。这次面见令蹇叔很不满意，因此他建议百里奚不要投奔王子颓。鉴于上次蹇叔预测中了公子无知的事，百里奚又听取了蹇叔的建议。而就在几年后，周王室随即爆发了子颓之乱。

百里奚新入社会，经验不足，所幸让他遇上了好友蹇叔。在经验老到的蹇叔的带领下，百里奚才避免了一次又一次的歧途。先有贤妻，再有良友，百里奚的人脉不广，却很幸运。

一次又一次的碰壁令百里奚感到心灰意冷，离家那么久了，家里也不知道怎么样，这种惦念让百里奚想回虞国看看。当百里奚对蹇叔说起这个想法时，蹇叔的眼睛却亮了。因为蹇叔有一个朋友叫作宫之奇，他正在虞国做官，如果自己出面，定能为百里奚谋个一官半职。因此两人便出发来到了虞国，在蹇叔的推荐下，百里奚终于在虞国得到了他的官位。

就这样，百里奚顺利在虞国当上了大夫。虽然如此，虞公却没有重用百里奚，因此百里奚仍旧不能实现他的毕生所愿。不过困顿至此，百里奚也不再奢求太多，所以他就安心在这个职位上做了几年，一直到晋献公来到了虞国，百里奚才被扔进了奴隶的圈子。

从平民到大夫再到奴隶，百里奚早已经有了一波三折的经历了。可是这还不够，接下去，百里奚还要经历他人生最大的变动期。

一切好像都冥冥注定。就在虞国被晋国灭亡的后一年，秦穆公便向晋献公求婚来了。晋献公答应了秦穆公的求婚，开始着手置办嫁妆。这一年，百里奚跌落到了他最难堪的低潮期，因为他作为陪嫁奴隶，被送到了秦国。

一个在大夫位置坐了几年的人，竟然要他在陪嫁奴隶的队伍里行走，这令百里奚觉得羞辱至极。不屈的他终于在前往秦国的路上逃掉了，然而这并没有结束他的奴隶生涯，因为在逃路的过程中，他被楚人抓走，继续他的奴隶生活。

百里奚就这样从晋国辗转到楚国，可是生活还是一样落魄。

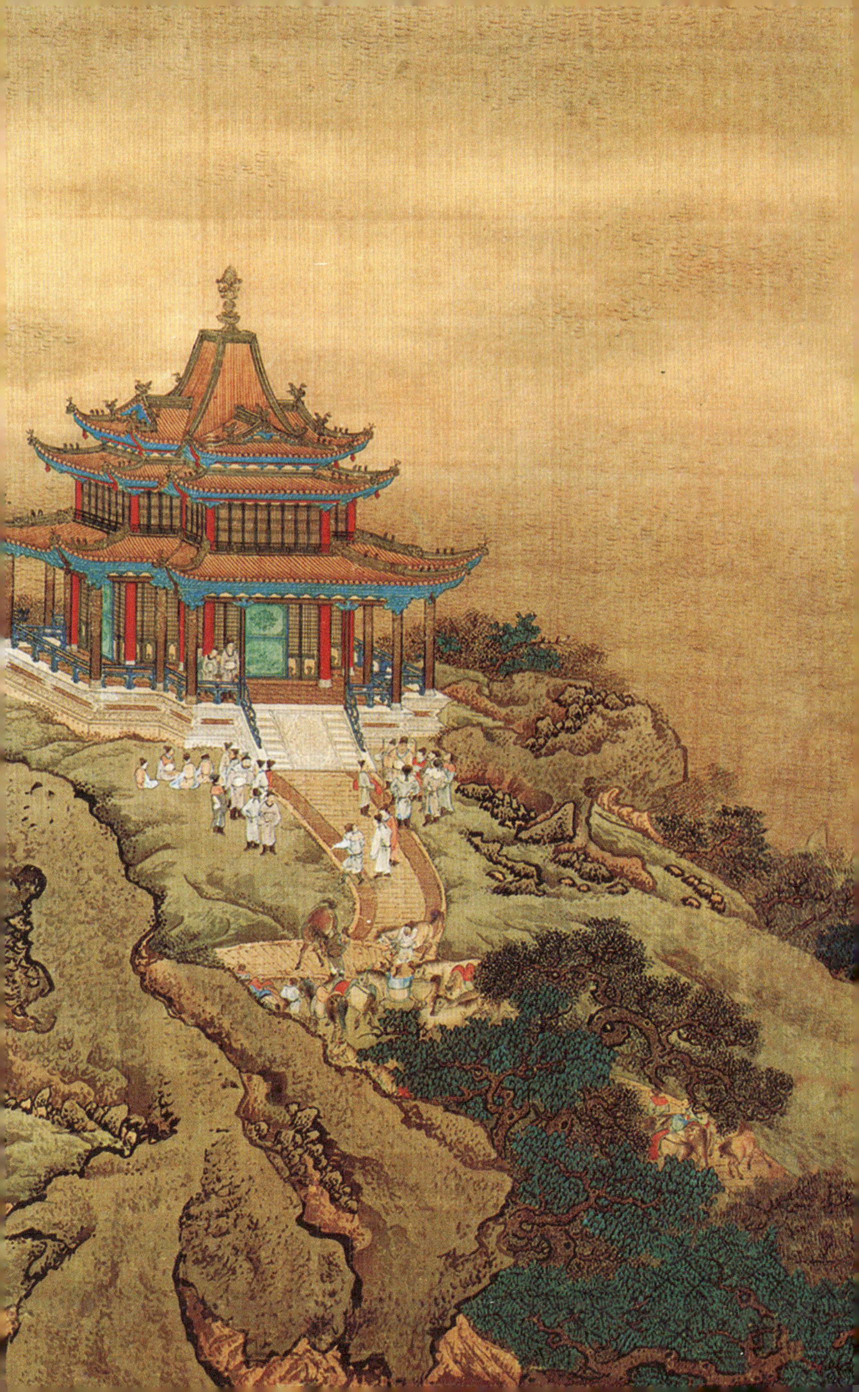

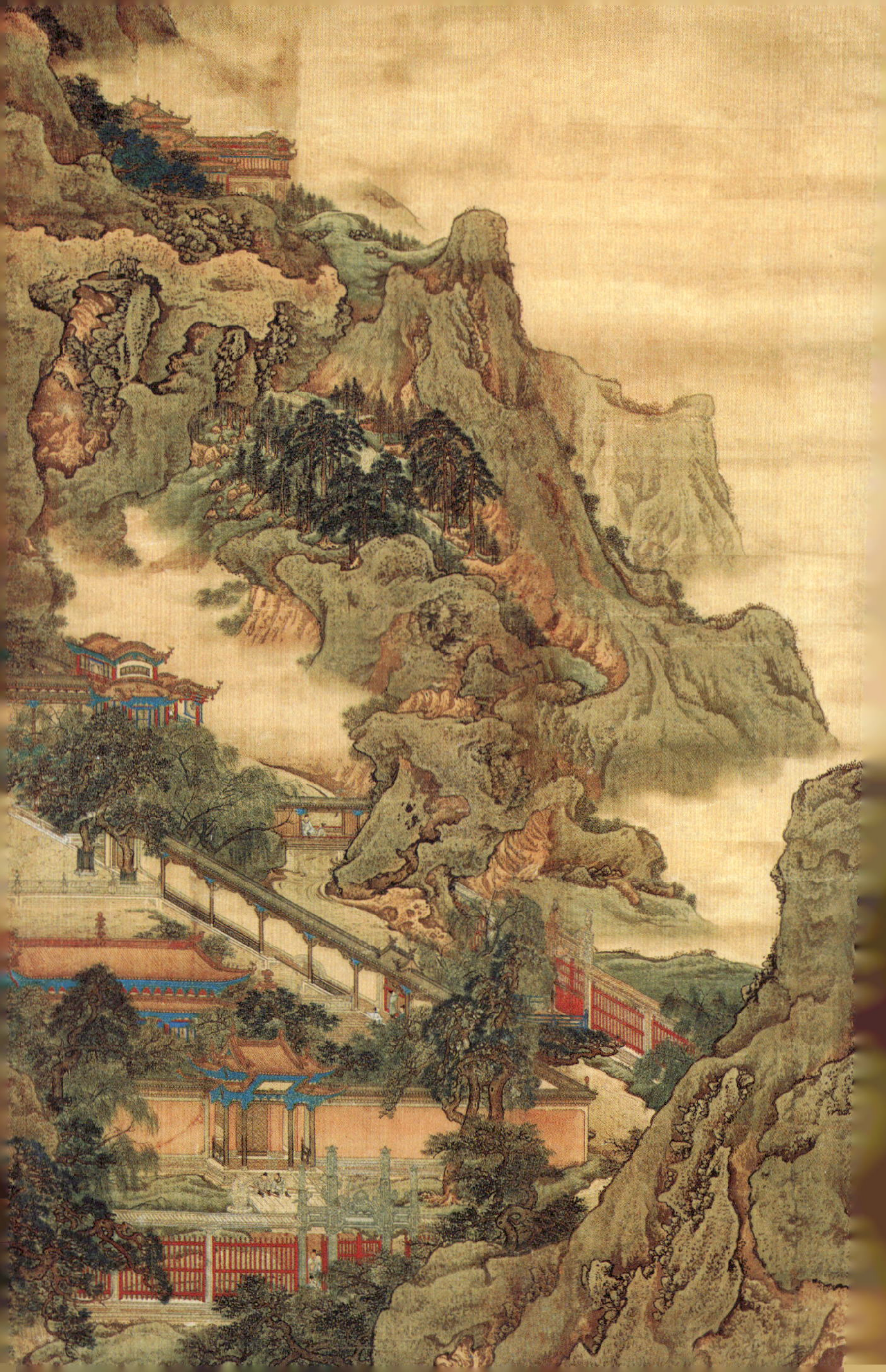

在楚国，楚成王听说百里奚擅长养牛，因此便让他干这个工作。在长期与牛相处之后，渐渐地，如同当年他在家一无是处的时候，百里奚又开始自怨自艾了。而这时候，百里奚的身边没有妻子，没有朋友，他已经失去了他的激励源泉，仿佛一切即将步入结束，而百里奚也好像只能将他的后半辈子埋葬在牛群里了。

可是天不绝人路，在妻子和朋友之后，百里奚遇到了他生平第三个恩人，这个恩人就是秦穆公。

尽管秦穆公在即位之初便得到了由余，但人才多多益善，穆公不会嫌多。因此当他无意中听到别人说起百里奚这个名号时，便起了兴趣。他叫来大臣公子絷，对他说出了自己的想法，原来穆公希望用重金购买百里奚。看来在穆公心中，百里奚是值高价的。

可是公子絷有自己的看法，他认为秦穆公如果用重金购买百里奚，那么楚成王便会觉得百里奚是个人才，从而将他留为己用。因此，公子絷建议穆公，既然楚成王让百里奚去养牛，说明百里奚在他眼里，不过是一个奴隶的价钱，那不如用购买一个奴隶的价值，去买回百里奚，这既可以以贱买贵，又能防止楚成王多疑。

秦穆公觉得公子絷所言很有道理，因此便向楚成王提出了一项交易：用五张黑羊皮购买奴隶百里奚。百里奚在楚成王眼里只能养牛，而会养牛的人到处都是，因此楚成王根本不会在意他，所以这场交易很快就成功了。后来，当百里奚在秦国名扬天下的时候，世人便给了他一个称呼：五羖大夫。

百里奚就这样从楚国解脱了，当他来到秦国时，秦穆公立即亲自接见了他。穆公的接见令百里奚感到惊慌失措，他自认为是亡国之臣，根本不配得到国君垂询。秦穆公认为百里奚太谦虚了，他亲自解除了百里奚的奴隶身份，然后向他询问国家大事。

百里奚的政治言论令秦穆公兴奋不已，这种兴奋较之当年的由余更甚，因此秦穆公便提出了想让百里奚当上大夫的想法。上大夫在秦国的地位基本等于丞相，穆公已经决定将秦国的军政大权都委任给百里奚。百里奚听到秦穆公的请求，寻找这个机遇已经多年的他却忽然傻了，苦苦追求的东西有朝一日竟然从天而降，这令百里奚一时适应不过来。

百里奚想起了自己多年的苦难经历，想起了自己的妻子，想起了那个在自己困苦时扶持自己的朋友。没错，他想到了蹇叔。当年蹇叔曾告诫他虞公也并不是一种好的选择，但因他当时不愿等待，所以才造成后来的局面。若没有蹇叔，他百里奚指不定现在还在哪里有一餐没一餐地过着日子。因此，他要报答蹇叔。

百里奚拒绝了秦穆公的邀请，并向穆公讲起了自己的朋友蹇叔，希望穆公能将蹇叔迎来，让蹇叔当上大夫。秦穆公的爱才之心使他不愿意放过任何一个人才，有了一个百里奚，还顺带送了一个蹇叔，穆公何乐而不为？因此他用重礼请来了蹇叔，让他和百里奚一起当上了秦国的上大夫。

五张羊皮的买卖再次证实了秦穆公对于人才的爱惜。自古以来，善用人才者无不成功，唯才是举的曹操就打下了大半江山。因此，如此惜才的穆公，注定了一个事实——历史终究会记下他。而在货币表现上只值五张羊皮的百里奚，他的实际价值将会在日后的为相期间显现出来。

还记得百里乡的杜氏吗

有一天,在百里奚的相府里,两个鬓白微霜的老人相拥而泣,满带皱纹的老脸泣涕交横,四只长茧的手紧紧地抱住对方的背部。多么熟悉的味道,几经奔波,几经相寻,如今却在他国实现了重会。

秦穆公用五张羊皮换来了贤相百里奚,百里奚从此在秦国开始了他的从政事业。百里奚感恩于秦穆公,因此对于政事一点也不敢懈怠。对内,他提倡教化,开发民智。对外,他搞好外交,提升秦国的地位。在他的努力下,秦国大治,百里奚对于秦国的贡献之大可见一斑。但是,就在百里奚将自己投身于秦国国事的时候,他似乎将一个人抛到了脑后,这个人就是他的第一个恩人,他的妻子。

杜氏当年劝说丈夫出外寻找机会后,便自己一个人担负起了养老育儿的责任。这担子再沉再重,杜氏都不会抱怨。在每一个夜深人静的时候，或许刮着风，或许下着雨，杜氏望着窗外阴沉的天空，只盼望着外地的丈夫能过得顺顺利利，有朝一日，或许有朝一日，他会领来一顶大轿子，将自己风风光光地抬进他的新房子。

每每想到这里，两行热泪便从杜氏的脸上流了下来。岁月已经带走了她的青春，皮肤的皱纹一天深于一天，两双手失去了少女时的柔细，两鬓的发梢也已经微微带点白雪。自己正逐渐地老去，可是等待的轿子还没来到自己面前，杜氏的心寒了。时间不允许她多愁善感，她低下头，继续静静地织着她手中的布。

有这样一个妻子在家，百里奚为何会忘记呢？知道吗，当秦穆公想让他当上大夫的时候，他想到了他的挚友蹇叔。知道吗，当他当上上大夫的时候，他的心里始终装着百姓，不摆架子，用他的双脚走过国都的每一寸土地。这样的一个人怎么会忘了他的发妻呢？

我们不知道百里奚有没有忘了他的妻子，其实，我们更宁愿相信，百里奚并没有忘了他的妻子，他只不过是暂时找不到她而已。

百里奚出走多年，一点音信也没有，为他担心的又岂止他的妻子，在长年的盼望中，百里奚的母亲不久便消磨完了她的生命。杜氏整理好婆婆的后事后，回头望去，只见房屋残破，田地荒芜，在这样的光景里已经难以继续维持生活。最后杜氏决定不再等待了，她毅然带着儿子离开了这个伤心之地，踏上追寻丈夫的旅程。

这段旅程迷茫而艰难,从此,一个力气渐失的女人带着一个刚在成长的男孩子踏上了他们的漂泊之路。在他们的路程之中,我们选择相信,百里奚于此间派人回家寻找着母子俩,可是,老家除了一顶破草屋外,已经不见人影了。

几年后,杜氏带着儿子辗转到了秦国。在秦国,杜氏靠着一些手工活作为生计,勉强度着日子。可是厄运从不会一直光顾某一个人,在杜氏为生活奔波的时候,她无意中在别人的闲谈中听到了七个字:五羖大夫百里奚!百里奚!这不是自己丈夫的名字吗?杜氏浑身颤抖了起来,原来当今坐在秦国相府里的那个人竟然是自己的丈夫!

杜氏五味杂陈。她高兴,自己多年的辛劳终于有了回应。她伤感,为何丈夫当上高官后竟把自己给忘了?她愤怒,自己为一个家的多年劳苦难道一点价值都没了?在这样复杂的情绪下,杜氏迟疑着是否要去见百里奚。她隐约觉得,这个人已经变得既熟悉又陌生了。

在挣扎之后,杜氏不愿让自己付出的一切成为泡沫,消失得无影无踪。因此她决定去找百里奚,就算百里奚不要她了,她也要把话说清楚。因此,为了接近百里奚,她设法在相府里谋了个洗衣服的职位。

后来,终于让杜氏找到了机会。那天,相府里举办了一场宴席。宴席上觥筹交错,宾客交谈甚欢。宴席下艺术表演,将整个相府融入了歌舞升平的气氛之中。

厅外的杜氏听着厅堂里如此热闹，不由得想起了自己在家时的孤寂。这一番对比之下，一阵寒意直袭杜氏心头，自己为这个家付出的一切，其意义是成全了丈夫的花天酒地。

杜氏忍不住了，在众人惊异的眼光中，她低着头走到了上大夫的面前。她请求上大夫给她一个机会，让她为上大夫演奏一曲。百里奚是爱民的，对于眼前这个老妇人的请求，他一口应允了下来。于是，这个老妇人走到了厅堂中间，落落大方地抚起了琴弦。

杜氏一摸到手中的琴，忆起了小时候自己抚琴的情景，当时的自己尚能悠闲地玩琴吟歌，而身为人妇之后，却不得不为生计而斤斤计较。一个女人为一个家庭消磨掉一生的青春，她的价值又会在哪里体现出来呢？一想到此，本已难过的杜氏顿起心酸，而当她的手一碰到琴弦的时候，幼年的熟悉感忽然升上了心头，对比之下，再也控制不住的杜氏，将她的两滴眼泪掉落在了琴弦之上。琴弦受到了清凉的侵袭，忽然响起了一阵低吟的琴声。琴声飘荡而出，将一阵悲戚的凉意释放在相府内外，杜氏开始了她的演奏：

百里奚，五羊皮。忆别时，烹伏雌，舂黄齑，炊扊扅，今日富贵忘我为。

百里奚，五羊皮。父粱肉，子啼饥。夫文绣，妻浣衣。嗟乎！富贵忘我为？

百里奚，五羊皮。昔之日，君行而我啼。今之日，君坐而我离。嗟乎！富贵忘我为？

凄清的琴声伴随着幽怨的歌词，整个相府上下沉浸在这段悲伤之中，仿佛融入了杜氏的回忆。歌词一边唱着，百里奚眼前忽然出现了他当初离开家乡的情景。那时，家里很穷，一顿饭都成了问题，可是为了给百里奚践行，杜氏将家里唯一一只下蛋的鸡给杀了，丰盛的鸡肉搭配着一碗香喷喷的米饭送到了百里奚的眼前，百里奚哽咽地吃下了它。

后来，回忆里出现杜氏领着哭红了眼的母亲和不知事的儿子，这三人互相依偎着，远远望着他离去的方向。

回忆随着百里奚的眼泪涌出眼角而渐渐地模糊，他往演奏的老妇人跑了过去，将她的脸抬了起来。昔日熟悉的脸因为岁月而变得又黄又皱，可是那眼神里透露出的爱与关怀，百里奚一辈子也忘不了。

老夫妻离开了整整四十多年，此时四眼一对望，万千思绪顿时涌上心头。在静默的对望中，杜氏仿佛在问：还记得百里乡的杜氏吗？百里奚满怀柔情的眼神肯定了这个问题。无须解释，无须言语，一个紧紧的拥抱和一个诚挚的眼神便释怀了一切。在一旁的宾客们看着眼前这一幕，无不为两人的重会而感动。

杜氏历经千辛万苦，重新回到了丈夫的身旁，这是她应该得到的结局。一个女子能坚毅如此，令人敬佩。

百里奚和发妻在相堂相认的故事就这样传了出去，整个秦国都在复述着上大夫这段感动人心的故事。秦穆公一听，也赞扬百里奚不忘发妻的品格，作为奖励和祝福，赏给了他很多礼物。

正史对于这类名人逸事兴趣不大，关于百里奚相堂认妻的这段故事，见载于东汉人应劭的著作《风俗通义》。我们应该感谢应劭，让我们在对百里奚是个贤相的机械认识外，还可以认识到他作为一个丈夫，时刻铭记着糟糠之妻的恩情，在富有之后仍不忘旧妻。这种认识为我们丰富了一个历史人物，也从另一个侧面让我们更加确认了百里奚的贤。

这个故事再次向世人证实了百里奚的价值绝对不仅仅是五张黑羊皮，秦穆公的这个政治交易比起后来的吕不韦，是一点也不输。当然，在网罗人才的同时，秦穆公也从来不耽误他涉足晋国的准备。而让秦穆公感到希望来临的是，就在五羖大夫百里奚的名号传遍整个秦国的同时，晋国也开始传述着另一个人的名字，这个名字叫作骊姬。

后院起火的邻居

秦穆公和晋献公结秦晋之好后，对晋国事务的过问也比较理直气壮了。当然，在晋献公在位时，秦穆公作为女婿，其地位是低于晋献公的，所以秦穆公也不能太乱来。这时候，秦穆公采取秦国一贯的观望态度，等待着晋国哪天发生事变。当然，秦穆公知道他不会等太久，因为晋献公已经在慢慢地衰老了。

晋国到了晋献公手里，慢慢地成长着。晋国以过人的智慧灭掉了虢国和虞国这两个小国，开始了"并国十七，服国三十八"的历程。也是在同一年里，隐藏在晋国内宫的问题一瞬间爆发了出来。

当年，晋献公五年（前672），献公出兵大破骊戎（今陕西临潼一带），俘虏了骊戎首领的两个女儿，将她们带回晋国，晋封妃子，大加宠爱。尤其是骊戎首领的大女儿，身子出落得亭亭玉立，粉嫩的小脸如花似玉，柔细的声音酥软人心，令晋献公无法忘记，每日上完朝后的第一件事便是直呼"骊姬"。

后来骊姬直升正房夫人的位子。这之前，晋献公令人卜了一卦，看骊姬当夫人是否吉利，结果呈现出两种不同的回答。用龟甲卜卦，结果不吉利，用蓍草占卜，结果吉利。晋献公当然希望按蓍草占卜的结果来办事，可是占卜师就对他说了："蓍草占卜的不灵验，要用龟甲才灵。"同时，占卜师还卜出了兆辞，兆辞的内容显示了专宠可能会造成内乱，然而一意孤行的晋献公根本不管这些鬼话，还是将骊姬立为夫人。

骊姬受此宠爱，在宫中大肆非为。恰时晋献公的身体一日弱于一日，齐桓公在葵丘主持的盛大盟会，晋献公就因为身体问题缺席了。晋献公的虚弱为骊姬的胡作非为提供了更大的便利。

后宫问题无非是一群女人在为自己争后位以及为自己的儿子争太子位，骊姬当然也不例外。骊姬已经当上了夫人，因此她的主要目标是为自己的儿子争取到太子的位子。

骊姬的儿子叫作奚齐，奚齐因母而贵。晋献公每次看到这个小儿子就好像看到骊姬一样，顿时感到心情舒畅，因此时常有废长立幼的想法。可是晋献公喜欢归喜欢，祖制在上，他还是不能乱来。想当年周庄王喜欢幼子子颓，却也无法做到明目张胆地废掉太子。当时在奚齐之上还有三个哥哥，分别是齐姜所生申生以及翟国狐氏二女所生重耳和夷吾，就这一点来说，王位怎么都轮不到奚齐。

三个公子成了骊姬的障碍，她要想办法来对付他们。为了对付这三个公子，骊姬拉拢了大夫梁五、东关五等人，一起密谋除掉三人的计策。梁五先给骊姬献了一策："曲沃，晋之宗庙所在，当派申生镇守。蒲城与屈为边防要塞，当以重耳、夷吾戍其地。"这条计策最浅显的目的就是支开三人，其实，它还有更深的意义。在分封制的时代，公族若到了外面，便意味着分封，也即成了旁支，而旁支已基本丧失了大宗的继承权。当骊姬对晋献公这样提议的时候，晋献公又如何不知？不过他还是答应了。

虽然支出了三人，但是名义上的储君仍然是大儿子申生，因此骊姬并不想就此善罢甘休。

申生是晋献公和父亲晋武公的妃子齐姜所生的儿子，身为长子的他已被立为太子，且因德行和军功而备受臣子敬重。这令骊姬非常不满，所以她便首先将矛头指向了申生。

一个大男人自然没办法与工于心计的骊姬比小心眼，骊姬一开始就使出了反间计，反间申生和晋献公之间的关系。有一次，骊姬故意将蜂蜜涂在全身，然后将申生约出来逛花园。花园里的蜜蜂一闻到骊姬身上的蜂蜜，纷纷飞来，围绕着骊姬飞舞。骊姬装出惊恐样，边拍着身子边逃离蜂群，同时也叫申生帮她赶跑蜜蜂。申生于是在后面追着骊姬跑，并用手挥动着蜂群。就这样，骊姬在前，申生在后，远远望去，就好像一对情侣在玩追逐游戏。

其实，在这事发生的前一晚，骊姬便已偷偷地向晋献公哭诉，指责太子申生调戏自己。晋献公一开始还不相信，后来看到了这一幕，再加上骊姬在一旁故作可怜地挑拨离间，晋献公便认定了申生确实是在调戏自己的老婆，不由得怒从中来，自此对申生有了不好的印象。

这件事便是"骊姬夜哭"的由来，意为无中生有。无中生有的东西竟然能成功蒙过了晋献公，这自然是因为在晋献公的心里也早有废掉申生的念头。当然，这种小事还不足以令晋献公有充分的理由废掉太子，骊姬想要彻底除掉申生，还需要狠一点。这一次，骊姬对太子申生说："君梦齐姜，必速祭之！"（《左传》）申生听了骊姬的话，只得在曲沃摆起祭品祭祀他的母亲。按照古例，祭祀用的腊肉必须在祭祀完后献给自己的父亲。因此这次祭祀后，申生将腊肉送到了晋献公的面前。可是申生不知道的是，这已经不是当初祭祀用的腊肉了，因为骊姬已经在里面加入了毒药。

晋献公在骊姬的挑拨后对申生起了疑虑。因此当申生将腊肉献给他时，他先将腊肉分给了臣子和狗吃，结果臣子和狗吃了之后，均中毒而死。晋献公见此，吓了一跳，立即令人捉拿太子。申生无可奈何之下只好出逃，最后在晋献公和骊姬的逼迫下自杀身亡。

申生是个孝子，有人劝他向晋献公申述的时候，他却认为只有骊姬能让晋献公开心，如果骊姬入狱，那么晋献公只能在他的晚年尝尽孤苦的味道。而当有人劝他逃到别国的时候，他也认为这不利于晋献公和晋国的名声，因此拒绝。有如此孝子，晋献公却因为妇人之言而失去，实在可惜。

申生的两个弟弟重耳和夷吾听闻申生的死讯，便立即返回国都质询事情的经过。重耳和夷吾此举无异于羊入虎口，因为骊姬正想着办法如何除掉他们两个，这时候他们却亲自送上门了。于是骊姬趁机向晋献公进谗言，诬陷两人与申生是同谋的。幸亏二人知道得早，见国都已不能久留，结果连找父亲告别都没有，便悄悄回到了自己的封地。晋献公见儿子们连跟自己打个招呼都没有，便觉得这是做贼心虚的表现，如此，对两个儿子遂更生嫌疑。

骊姬见晋献公已经有了嫌疑之心，立即在旁边煽风点火，老年痴呆的献公自然禁不住这种煽动，竟然派兵攻打两个儿子的封地。

蒲城的重耳听说父亲发兵前来兴师问罪，立即放弃抵抗，认为儿子不应该和父亲对着干。待到蒲城陷落的时候，重耳在晋军的追杀中翻墙而出，逃到了他的母国翟国。另一边，晋军来到了屈城，夷吾并不像二哥重耳一样放弃抵抗，但屈城小地，终究抵挡不了王军的攻打，不久便也陷落了。

屈城陷落了，夷吾本想和二哥一样逃亡翟国，然而他的大臣却认为若夷吾逃到翟国，便证明了他有罪，因此建议夷吾逃往梁国。梁国临近晋国的亲家秦国，这是这次考虑中很重要的一点。

在这次晋国内乱中，因为一个女子的心计，逼死了一个太子，逼走了两个公子，轰动一时，后人将这次内乱称为"骊姬之乱"。"骊姬之乱"再一次证明了一个女子便足以乱国,历史上此类事件层出不穷,上自夏朝妹喜,下至清朝慈禧,权欲过大的女子如若缺乏大局观,便总是容易误国。而骊姬也因为成功利用了美色控制着权力,造成了一场动乱,因此被后人将其连同妹喜、妲己和褒姒三人合称"四大妖姬"。

"骊姬之乱"这个事件对于晋国产生的负面影响其实并不算大,因为它很快就被平复。相反的,我们甚至可以说这是晋国的一个机遇,在这个机遇中,历史为晋国提供了晋文公重耳这样的霸者人物。

当然,骊姬之乱还有后续,两个儿子出逃就意味着这场争斗嗣位的战争还未结束,而这个后续不仅仅影响了晋国本身,它还影响了晋国的邻居兼亲家秦国。因为秦穆公在等待之后,终于盼来了插足晋国内政的机会,因此,秦穆公已经决定为晋国理理家务事。

晋惠公不是真命天子

晋国经历了骊姬之乱后,逐渐步入了它的低潮期。更值晋献公身体屡出问题,基本已经无心过问政事,因此晋国政事由骊姬和几个权臣把持着,将晋献公的几个儿子远远拒在了大门之外。

晋献公在带着满身的疾病去世前,连自己的两个儿子都不能见上一面,我们不知道彼时的献公是否曾感到遗憾。即使献公感到遗憾,当时局势已经不允许他反悔,自己的位置由小儿子奚齐来继位已成既定现实。

虽然献公对奚齐有所偏爱,但他也不得不承认这个儿子并不具备君王之才,所幸当时还有忠贞老臣荀息可以托孤,这才让献公对于自己的离世多了几分坦然。然而,即便是荀息也无力和晋献公晚年内宫混乱的局面相抗争。那时,骊姬的掌权引起了众多大臣和诸公子的不满,因此晋献公死后,一场隐藏已久的政治动乱便被搬上了台面。

在这场晋国内乱中，大臣里克起来指责荀息愚忠，指出两位公子逃亡在外，荀息却迎立幼子即位。虽然荀息向里克表示自己的举动不过是为了忠于先主的意愿，但这并不能消除里克对于骊姬等人的痛恨，最后，里克在这场动乱中弑杀了君王。可怜奚齐，王位还没坐稳就死掉了。国不可一日无主，荀息见奚齐已死，忠于主公意愿的他只好重新立骊姬妹妹所生儿子卓子为晋公。不久后，里克再次发难，杀死了卓子。可怜骊姬二姐妹，一生争宠夺势，到头不过换来了亲生儿子的灾难。

奚齐和卓子均死，骊姬的权力梦在里克的冲击下已经彻底破灭了，从此，她彻底消失于晋国的历史之中，只留下延及后世的骂名。

里克接连杀了两位君王，荀息自认已经无可奈何。当时，荀息之所以立奚齐和卓子为王，不过为了向逝去的君主表示自己的忠心，但他同时也明白，这二人立得名不正言不顺，必然引发内乱。最后，在这种矛盾中，荀息选择了自杀，将一个处于动乱的晋国抛向了更深的深渊。

荀息死后，里克开始主管晋国的政事。在众臣子的商议下，里克决定迎回献公二儿子重耳。可是重耳以愧对父亲为由，拒绝了国君之位。重耳不干，还有三儿子。里克于是遣使来到了梁国，请夷吾回国继位。

夷吾在外避难多年，今天里克给他送来的这个消息自然是好的。对夷吾而言，他必须考虑到，如果自己是依赖里克得势的，那么就难免落入他的控制之中,指不定哪天里克看他不爽,自己怕是难逃两个弟弟的厄运。因此夷吾这王位是要回去坐的,但是要坐得保险一点,坐得安稳一点。

为了解决这个问题,夷吾的智囊团就给他出了一个主意:收买秦国。原来夷吾的谋士想以晋国的河西八城为谢礼,请秦国护送自己的主公回国,这样一来,夷吾的回国将显得更加光明正大,且摆脱了单方面依靠里克的不利。夷吾对这个主意表示赞同,因此他们在回信里克的同时,也写了一封信给秦穆公。

当时在秦都焦急地等待着晋国消息的秦穆公,一听到晋国来信,顿时激动了起来。待拆开一看,秦穆公差点手舞足蹈起来。他高兴地把这个消息告诉了百里奚,百里奚也表示这是千载难逢的时机,建议穆公迅速派出军队护送夷吾。有了百里奚的赞同,秦穆公更加坚定了自己的决心,于是他派出了百里奚,令其领兵护送夷吾回晋国。

就这样,夷吾在晋军和秦军的护送下回到了晋国,在里克等大臣的迎立下,继位为晋君,是为晋惠公。这个场景跟几百年前秦襄公护送周平王东迁洛邑时如此相像,我们不得不感叹宿命的安排,在隔代的重复下缝补了时光的裂缝。

有趣的是,夷吾在担心里克的同时却忽略了秦穆公,使得这个外人最终得到了过问晋国内部事务的权力。当然,只是一次迎立还不足以令秦穆公过于嚣张。现在虽然不适合过多地干涉晋国内政,但是找晋惠公讨要自己的谢礼,这还是在情理之中的。于是秦穆公派出了公孙枝来到晋国，希望晋惠公实现他当初的诺言。可是晋惠公并不给公孙枝面子，于是他的大臣吕省就代表他拒绝了公孙枝的要求。从这点看来，晋惠公是个不讲诚意的君王，而这一点，也成了秦穆公日后深入干涉晋国内事的理由之一。

当吕省拒绝了公孙枝的时候，里克在一旁就发起了牢骚，说这是先主打下的江山，当初为何要许给别人呢。原来当初里克迎立晋惠公的时候，惠公也曾经许诺他，待自己坐上王位后，将送他汾阳之地，可是结果和秦国一样，惠公不过是和里克开个玩笑而已。里克这话令晋惠公听着很不舒服，于是晋惠公发誓迟早有一天要解决掉这个乱臣。

惠公的大臣郤芮也早已看里克不爽，此时他看到晋惠公已动杀机，急忙在旁煽风点火。这风煽得晋惠公怒火直冲，遂决定将诛杀里克这一计划提前写入行程表。

里克有一个朋友邳郑父，在当时也是权臣之一。晋惠公想除掉里克，必须先分散两人的势力，因此惠公派邳郑父出使秦国，从而孤立了里克。在邳郑父出使秦国途中，晋惠公早已找到了除掉里克的理由。惠公派兵包围了里克家，在门外对着里克大喊："微子则不及此。虽然，子弑二君与一大夫，为子君者不亦难乎？"做你的君王难道不是很难的吗？这个理由荒谬至极，里克听后，心知惠公已决定杀掉自己，悲愤之下仰天大呼："欲加之罪，其无辞乎？臣闻命矣！"在这一撕心裂肺的呐喊之后，里克便自刎了。

就这样，晋惠公除掉了里克这一心腹大患，开始了他的专政生涯。

里克之死传到了秦国，他的好友邳郑父为他感到心痛，决定替他报仇。于是邳郑父向秦穆公建议，请求穆公帮忙废掉夷吾，迎立重耳回国当晋公。这当然是秦穆公期待的事，于是穆公便在邳郑父的建议下，派出了大臣跟邳郑父前往晋国赠送回礼。这些厚礼的对象也包括吕省等人，秦使把礼物送到吕省等大臣的府中，并表示希望这些大臣有空能光临秦地一游。当然，秦穆公不过是引狼入室，但是，这事却让郤芮看穿了，因此他表面上答应了秦使，背地里却令晋惠公杀死了邳郑父等一班臣子。

晋惠公在处理邳郑父这事上，因屠杀众多臣子，使本已人心惶惶的晋人更觉政局不安定。同时，晋惠公即位的前几年，晋国屡遇灾荒，导致仓廪空虚，最后不得不向秦国买粮解危。再加上晋惠公这人，在上位之初便在反悔赠送土地和除掉里克两件事上显露出他背信弃义的品质。所有这几点加在一起，便注定了一个现实：晋惠公虽掌握了大权，但此时晋国已经人心离散，惠公的权威自始至终都没有得到晋人的认可。

而在晋惠公夷吾之上，还有一个重耳。当时虽然重耳拒绝了继位，但是晋人在对晋惠公失望以后，又重新想起了他。晋人对重耳的期盼决定了晋惠公的位子是不稳的，如坐针毡的他将心力放在维护权力之上，在管理国家这方面，基本没有任何出彩之处。

晋国自晋献公死后,便落入了失道寡助的难堪局面,他的邻国秦国在这种局面中看到了自己的希望。不久后,晋惠公即将为他的失信而付出代价,这个代价就是送给秦穆公一张门票,并允许穆公长期出入自己的后院。

三百壮士好样的

在古希腊的温泉关之战中，有斯巴达三百勇士，凭借着他们强大的力量和过人的胆识，在波斯大军面前坚毅不屈。这是一个民族的赞歌。这个赞歌并不仅仅出现在斯巴达，就在秦国的国土上，也曾经上演过三百勇士的戏码。

晋惠公继位后，秦国作为邻国和亲家，两国自然少不了来往。只不过，这种亲戚上的联系并不是很亲密，因为惠公从不把穆公这个姐夫放在眼里。可是到了关键时刻，他也不得不想起这个姐夫的好。

晋惠公四年（前647），晋国在频繁的灾荒之后，已经到了仓廪空虚的处境。此时，晋惠公虽然看不起秦穆公这个姐夫，却也不得不低下头来找他帮助，希望秦国能卖他一点粮食。

秦穆公一开始是不情愿的，毕竟惠公在四年前就摆了自己一道，何况之后也从来没为当初秦国的护送表现出任何感激之情。

但是百里奚却希望穆公能抛弃这些私仇小恨，他认为福祸终有轮替，这次赠人所需，才能保证他日自己需要的时候，可以得到对方的报答。另外，百里奚还将卖粮解急上升到人道主义的地位：需要粮食的是晋国百姓，又不是只有晋惠公一人。

其实，在百里奚考虑到这些的时候，他不可能不想到一点，那就是，晋国在秦惠公的胡闹之下已经人心离散，在这个时候，秦国如果能卖个人情给晋国，那无疑暗中拉拢了晋人的心，这对于秦国是极其有益的。这一点，才是这次卖粮行动的实际目的。

秦穆公听了百里奚的话，决定抛弃自己那不成熟的记恨念头，派人从仓库里拨出了大量粮食，从秦都雍城出发，沿着渭水航行了五百里远。络绎不绝的白帆飘扬在渭水河上，向晋人招着手而去，晋人望见白帆，无不欢呼秦国粮食的到来。这一个壮观的场面永远留在了晋人的心中，而人们也给了这次行动一个美丽的名字，叫作泛舟之役。

泛舟之役，是战役的役。没错，正如百里奚想的那样，秦国这次送粮行动解了晋国百姓的危机，以人道主义的精神征服了晋人的心，晋人对于秦穆公的喜爱由此甚于自己的君主晋惠公。

其实百里奚不仅预料到秦穆公此举能收服晋人之心，他当年还说过，福祸终有轮替，这一次，灾荒从晋国转移到了秦国。

秦穆公十四年（前646），秦国如同去年的晋国一样，颗粒无收，而仓库又因为去年运粮给晋而供给紧张。同年，晋国已经摆脱了灾荒，粮食在分配之后仍有剩余。这时候，秦国的大臣唯一想到的方法就是向晋国求救。这是一个被众人公认为理所当然的计策，因为去年秦国才刚对晋国进行救急，今年晋国自然不会见死不救。

相对于晋惠公和他的大臣们，秦国臣子真是太天真了。当请求帮助的秦使带着消息来到了晋国的时候，他万万没想到，自己竟然被无礼地遣送回国，而晋惠公对这种人道主义援救明显不感兴趣，竟然毅然决然地拒绝了运粮一事。晋惠公此举自然有他自己的考虑，如大臣吕省所认为的，救灾无疑在助长秦国的实力，从而来压制自己。但是，晋惠公却没有从仁义上来考虑，而他此举在这方面的所失远远大于不救灾的所得。

其实，晋惠公做这种不讲仁义之事也不是第一次了，当年拒绝给地一事就让秦人见识到了他的反复，因此，秦人本不该对他抱有太大的希望。当被拒绝的消息传回到秦国国都的时候，众大臣议论纷纷，一方面斥责晋惠公不讲仁义，另一方面也担忧着秦国的粮食问题。

幸好，在百里奚等大臣的努力下，秦国最终于次年（前645）解决了灾荒问题。这时候，秦穆公再也不愿意原谅晋惠公了，他决定发动一场战争，对晋惠公对自己的几经反复来场大清算。因此，秦穆公亲率大军伐晋。晋惠公得知，立即摆阵拒之。秦穆公以仁义之师攻晋惠公无义之军，结果是屡屡胜利，顺利攻破晋国的边疆，直入晋国内地。

秦军一路势如破竹，一直到了韩原（今山西河津与万荣之间的黄河东岸）之地，两军遂于韩原对阵，一场大战一触即发。

在这场战争中，秦军虽得人和，但晋惠公毕竟也拥有地利。因此两军一开始不分上下，不见输赢。后来，晋国有一个武将梁由靡于混战中看准了秦穆公亲率的军队，于是他率部奋力截击了秦穆公，将秦穆公与其他军队隔开了。

秦穆公所率部队就这样被梁由靡包围了起来，晋人此招擒贼先擒王之计，令穆公吓得几近破胆。秦穆公在其中尝试着突围，却只是白费力气，可怜的穆公似乎距离胜利越来越远了。

就在秦穆公部队无能为力的时候，忽然杀出了一支军队，他们英勇地挥舞着手中的兵器，将一个个晋国士兵斩杀。晋国士兵对这支兵队本无防御，此时忽见杀出，顿感手足无措。正兼这支部队的士兵个个英勇异常，强壮无比，结果使得梁由靡的部队被他们杀得大败，纷纷逃亡。

秦穆公之围被这支勇者之师破解了，穆公立即召见了这支军队，要向他们表示自己的感激。这军队人数不多，只有三百人，但个个精神抖擞，眼神坚定，强壮的外表更不必说，这军队令穆公感到异常惊异。待穆公准备赏赐他们的时候，他们婉拒了穆公的奖赏，并向穆公说出了自己的来处。

原来，在和晋交战之前，有一天，秦穆公外出闲逛，待要回家的时候却忽然发现自己的马不见了。这下穆公急了，急忙派人前往寻找。后来，当穆公找到马的时候，它已经被分尸，一片片肉穿过木棒，下面是熊熊烈火在炙烤着，这匹马已经被人杀死并烧烤着吃了!

穆公见到此景,深感遗憾地向这三百个烤马肉的人表示这是他的马。这三百人知道对方是秦穆公后,吓得半死,自己竟然吃了君主的马,这将是多大的过错!他们一边流汗一边颤抖地跪在穆公面前,企求穆公原谅自己的无知。

令他们感到诧异的是,秦穆公非但不怪他们,反而对他们说:"吾闻食骏马肉不饮酒者杀人。"听说吃了马肉却没喝酒是会死人的。因此,秦穆公令人送来了酒给这三百个人喝。这三百个人在羞愧的同时,纷纷对穆公的大方表示感激至极。

"穆公亡马"这个故事几乎不牵扯到任何政治性因素,它单纯地向世人表现了穆公的仁义,表明穆公的仁义之心非但有政治上的功利打算,还根源于自己心中那单纯的美好品质。秦国有此君主,带领着相同品格的贤相百里奚,不兴是没有道理的。

这事过后,穆公的宽容在这三百个人的脑中留下了不可磨灭的印象。自从那一天得到穆公恩赐后,他们便在心底许下了誓言,有朝一日定要报穆公这个恩情。现如今,在韩原之战中,替穆公解围最终实现了他们的心愿。

穆公听了这三百勇士的讲述之后,感动不已。他为这三百个人知恩图报的精神而感到欣慰,秦国有人如此,身为国君的自己又如何能不高兴呢。这是一种成就感,一种孺子可教般的成就感,穆公在看到秦人可贵品质的同时,也似乎看到了自己辛劳多年所得到的收获。

最后，韩原之战结束了，以晋国大败、晋惠公被俘为结局。秦穆公看着毫无仁义的晋惠公，再回忆那三百勇士，人的品质本不能以地位来界定，感触颇深的穆公又学到了很多东西。

晋惠公被俘虏到了秦国，穆公对他的小人脸面已经难以忍受，因此做出了杀他的决定。就在穆公准备杀晋惠公祭天的时候，穆公的妻子却穿着丧服一脸泪相地出现在穆公面前。穆公的这个妻子正是晋献公的大女儿，晋惠公的姐姐。此时她正为弟弟的罪而哀恸，请求穆公放了自己的小舅子。

穆公终究过不了妻子这一关，最后他只得放了晋惠公，前提是让惠公的儿子留在秦国为质。惠公以性命为先，答应了穆公，得以逃过一死，返回晋国。

当然，晋惠公返回晋国后并没有就此学乖，但是，至少在表面上，晋惠公顺从了秦穆公。到了这时，秦晋之间地位的高低与晋献公年间的情况已经颠倒了过来，秦国于情理、于实力都升到了晋国之上。造成这种变化的原因有晋国数年内乱所造成的衰弱，也有秦国在穆公和百里奚的管理之下快速发展的因素。这时候，秦国已经完全有理由干涉晋国的内政了。

而几个春秋之后，晋国将再次发生它的动乱，秦国将在处理晋国内乱的戏码中扮演重要的角色。

重耳是个潜力股

晋国到了晋惠公这里,由于惠公的反复和多疑,晋国上下可谓人心惶惶。这种情况下,晋惠公也无心去争取霸权,只是躲在自己的深宫之中,计算着如何将权力紧紧地握在手里。在这种算计中,晋惠公已经明白了自己是不讨人喜欢的——晋人不喜欢他,秦人更不喜欢他,然而他还是一意孤行,只要权力在手,就不怕人心向背。但是,在这个世界上有一个人对他的权力威胁之大令他胆寒,这个人就是他的哥哥重耳。

历史上,亲兄弟为争夺权力自相残杀的例子比比皆是。昔时,魏国的曹植虽然七步成诗,感动了众人,却感动不了表现欲强烈的曹丕,最后也只能在幽禁中结束他的一生。几个世纪后,李世民更将这种手足相残的场面表演得更加血腥。亲兄弟尚且明算账,何况晋惠公和重耳只是同父异母的两个孩子。因此,为了巩固自己的权力,惠公已经决定对重耳出手了。

当时重耳仍然住在翟国，和一堆谋臣狐偃、赵衰等人，时刻关注着晋国的内政。这天，当细作急忙赶来向重耳禀告了晋惠公的计划时，重耳立即唤来狐偃等人商议对策。

狐偃认为十二年的逃亡翟国生涯是时候该告一段落了，现如今的方法唯有逃往他国，寻求支持，然后伺机反击。赵衰等无不赞同，重耳因此听从了狐偃的提议，开始收拾他的行李。

就在重耳缠好最后一袋行李的带子时，忽然一个黑影出现，一瞬间的工夫，刺客便出现在他的眼前了。重耳一惊，已经失去了拿行李的力量和时间，急忙往外逃去。逃到了城门口后，重耳见到了本已准备好的马车，立即跳上去，唤着车夫赶忙扬鞭。重耳的一些臣子们狐偃、赵衰、贾佗、魏犨等人也纷纷跟在重耳的身后，君臣又再次踏上了逃亡的路程。

当他们踏上卫国的土地时，卫文公却看不上重耳这块政治筹码。重耳没得到卫国的支持，身边又没有半点钱财、食物，在这种落魄的时候，便是粗茶淡饭都成了天下美食。于是，身为公子的重耳竟然拉下了脸皮向一个农夫乞讨饭菜。农夫见一个穿着绫罗绸缎的富贵人家竟然来向自己要食，便决定调侃他一下。于是农夫拿起地上的一块土，递给了重耳。

重耳受到这样的奇耻大辱，自然难以忍受。待到他想要出手鞭打农夫的时候，狐偃急忙拦住了他，对他说赠土事件意味着把卫国送给重耳，是大吉兆。重耳一听，也明白狐偃不过是在安慰他，他也懂得，自己虽贵为诸侯公子，但此时毕竟流落他国，人在屋檐下，不能不低头，所以重耳也只得忍气吞下了这个羞辱。

不忍心看到自己的主人遭遇耻辱和饥饿，重耳的一个从人介子推只好偷偷地来到山里，将自己腿部的肉割下，炖成了汤给重耳喝下。后来重耳得知介子推的忠心，大受感动。

重耳喝了汤后，暂时恢复了精神。最后，他们一行人离开了卫国，辗转地来到了齐国临淄。

当时齐桓公已步入他的晚年，而名相管仲也刚刚逝去，齐国的霸业已渐显衰势。虽然如此，齐桓公还是希望能在自己死前多做点什么。因此，当他听说晋国公子重耳来到了他的国家，立即厚礼接待。

在与重耳的一席对话后，齐桓公发现了这个青年人的潜力，于是他偷偷地打起了重耳的主意。齐桓公的这个主意就是将自己的宗女嫁给重耳。这个计划有两个目的，其一便是用安逸的生活消磨重耳的意志，从而为自己的后人除掉一个大敌。如果这个目的不能实现，那么凭着这一层亲家关系，晋国日后如若强大，也自会给齐国几分脸面。

秦穆公十七年（前643），齐桓公病逝。此时重耳没有想过要离开齐国，厌烦了多年逃亡生涯的他，反而沉溺于声色犬马之中。狐偃等人再劝再拉，都没办法说服重耳那颗劳累的心。最后，是齐桓公的宗女联合狐偃等人，硬生生地灌醉了重耳，才将他拉出了这个温柔乡。

一路的颠簸摇醒了重耳，他望着苍茫的大地，醉意全失。愤怒的他斥责了狐偃，但大局已定，重耳也无可奈何。就这样，一群人又再次奔波在中原的大地上。

后来重耳又路过了曹国，因曹共公偷窥重耳沐浴为证实重耳骈肋异常的传言，重耳因此和曹共公结下了梁子。然后重耳又来到了宋国，宋襄公待之如上宾。后到了郑国时，郑文公却对他一点兴趣也没有。

离开了郑国后，重耳一行人来到了楚国。当时楚成王正打败了一心图霸的宋襄公，气势甚炎。爱才的楚成王也如齐桓公一样厚待了重耳，感恩于此，重耳向楚成王做出了退避三舍的约定。当时，楚国令尹成得臣屡劝楚成王趁机处理掉重耳，免成后患，不过楚成王终究拒绝了这等无义之举。

秦穆公二十三年（前637），就在重耳作为楚国上宾之时，晋惠公却已经因病而无力理政。惠公知道自己即将去世，因此派出亲信到秦国告知了当时在秦国为人质的公子圉。公子圉听说父亲病重，急忙偷偷逃出了秦国，待回到晋国不久，晋惠公便病逝了。公子圉顺利继承了父位，是为晋怀公。

怀公能力不及其父，忌妒之心却比之更甚。他一上位，便对重耳发难了。在郤芮等大臣的提议下，怀公下令迫使狐氏、赵氏、毕氏族人招狐偃、赵衰、魏犨等人回国。这些臣子向来不服惠公，现在也不会听从惠公儿子的传呼。因此，狐氏等人纷纷拒绝了怀公的命令。大怒之下，怀公逼死了狐突等人，此举如当年其父逼死里克一帮人，其残酷程度令晋人更加不满。顿时，朝野上下在经受了多年的不服后,已经难以再次忍受这种荒唐的统治。因此,晋人对于重耳回国的向往更加剧烈了。

另一边,当秦穆公听说晋怀公偷偷地溜回了晋国,也是甚为不满,自己将女儿嫁给了他,难道得不到一个岳父该有的权利吗?公子圉虽然不告而别,但毕竟是秦穆公的女婿。于是,秦穆公开始为晋国的内政主事了。

在穆公的考虑中,公子圉不得人心,如果自己支持他,那么在泛舟之役中好不容易争取到的晋人民心将毁于一旦。另外,晋怀公已经即位,秦穆公想要插手晋国内政也失去了理由。因此,穆公决定为晋国迎回重耳。一来,晋人上下无不怀念重耳,自己若能顺利使重耳当上晋公,那对于穆公的功劳将在晋人口中永远流传。二来,如果是自己迎立重耳,那么干涉晋国内事便可以理直气壮点。所有这一切都有利于秦穆公在中原诸侯中的地位提升。因此,穆公派出了公孙枝,前往楚国告知重耳,说穆公要帮助重耳返国。

得到这一个好消息后,重耳一行人匆匆赶到了秦国。

在秦国,秦穆公厚待了重耳,并保证自己会帮助他重回晋国,但前提是收回昔时晋惠公承诺的土地作为酬劳,重耳一口承应下来。看重耳这般豪爽,秦穆公便打算将公子圉的妻子嫁给他。在臣子胥臣的劝说下,重耳才对这层复杂的关系有所释怀,于是迎娶了穆公的女儿,秦晋遂再结连理。

秦穆公二十四年(前636),穆公派公孙枝率领秦军三千护送重耳渡过黄河。阔别了十九年，重耳再次踏上了他的故土，心情有说不清的复杂。得知重耳回国，在国内作为内应的众大夫立即响应重耳，一场声势浩大的换君请求就此开始了。

面对如此强大的气势，惠公的旧臣吕省、郤芮等人纷纷投降。晋怀公此时真成了孤家寡人，当大军开到国都曲沃的时候，怀公已经提前逃走，不久去世。

重耳在众人的盼望中回到了曲沃，当上了晋公，是为晋文公。从此，晋国历史在晋文公的带领下，开始走向了它的高峰期。

在晋国的这场内乱中，秦穆公审时度势，成功当上了重耳回国的第一大恩人。当他的功绩在晋人之间口耳相传的同时，"晋文公的岳父"这个名号也在中原的大地上如雷般地响了起来。秦宣公当年以晋为中原窗的伟大构想已经实现了一大截，秦国的影响力走出了西北的戎人圈子，在中原大地找到了它呼风唤雨的权力。

在秦国慢慢将影响力渗透到整个中原大地的时候，中原的局势却如遇风浪，几经波折。先是齐桓公的死为齐国的霸业带去了消极的影响，而齐国的衰弱又直接为两个大国的崛起空出了位子。这两个大国的名字，一个叫作宋国，一个叫作楚国。

宋襄公的理想国

在春秋时代的地图上，有一个国土面积难以与众大国匹敌的国家，却因为其主公满怀理想的热情，竟有幸与众大国争一时之霸。这个国家是困在齐、晋、楚三大国之间的众小国中的一个，位于今天的河南商丘一带，在当时，它的名字叫作宋国。

宋国自周公封微子启于此以来，在历史上便没有太多的出彩之处，实力不足的它也只能管管旁边的一些小国如卫、郑等，可是卫、郑也不卖它面子，因此战争是难以避免的。当然，小国之间的战争对于宏大的春秋时代也没什么可着重叙述的，因此宋国从来都没有成为过历史的中心。

可是这种局面在宋襄公即位后有了一个大的突破。秦穆公十年（前650），和晋惠公同时即位的宋襄公却没有惠公那种褊狭的性格，相反，宋襄公却经常以仁义自居。当然，虽然和惠公选择了不一样的道路，但是结果却相去不远——他们的性格害了自己。

和秦国当时的秦襄公一样，因为国小，因此必须找个依附，这也是当时的小国所应该选择的发展道路。在宋襄公即位之初，观众多诸侯国，秦国太远且对于中原的影响力过弱，晋国又适逢内乱没空理会太多的外务，剩下了楚国和齐国，两国为霸业正闹得难以开交。在这种局面，宋襄公自然选择了刚到达霸业顶峰的齐国。

宋国因此和齐国结好，向大人物看齐，向大人物靠拢，这就是宋国寻求发展机遇的决策。齐桓公也很看得起宋襄公，因此，齐桓公为避免自己死后生乱，遂将儿子公子昭托付给了宋襄公。

虽然齐桓公做出了安排，但是因其晚年对奸臣易牙、开方、竖刁的宠信，而埋下了祸根。齐桓公病逝，公子昭还没来得及继位，便受到易牙三人迫害，公子昭趁乱逃到宋国，留下了一个混乱的齐国，而齐国也因此结束了他的霸业旅程。

其实，就在公子昭逃到宋国的前一年，宋国发生了两件很奇怪的事。第一件便是五块陨石掉落在宋地，第二件便是有六只鸟竟然以尾为头，退着飞过宋国的天空。这两件事在宋人之间引起了议论，心里多事的宋襄公自然也想要一探究竟。因此他叫来内史兴，向他询问这个预兆。

内史兴想了一下，对宋襄公说："今兹鲁多大丧，明年齐有乱，君将得诸侯而不终。"(《左传》) 鲁国之乱暂且不管，宋襄公最有兴趣的便是"齐有乱"和"君将得诸侯而不终"。"齐有乱"意味着他宋襄公"得诸侯"的机会来了,可是为什么到最后却"不终"呢?

可以得诸侯们的支持,可是最后却不得善终,这令宋襄公感到疑虑和担忧。最后宋襄公为这句预言构造了一个景象:宋国将有短暂的称霸。既然是称霸,不管是否短暂,宋襄公都愿意豁出去了。因此,就在公子昭来到宋国的时候,宋襄公便重提昔日齐桓公托付公子给自己的事,以仁义的口号准备帮助公子昭重回齐国。

于是理所当然地,宋襄公便借了齐桓公的霸主名号,号召众诸侯起来响应,共同派兵送公子昭回齐国。宋国毕竟没多少威望,即便借用齐国的名声,也难以控制各大诸侯。因此,对于宋襄公的号召,诸侯们都纷纷给了他白眼,只有一些比宋还小的小国,才愿意空出时间来回应宋襄公。

宋襄公见晋、楚这些大国不愿出兵相助,无可奈何之下也只好带着一批乌合之众攻到了齐国。幸运的是,宋襄公的出兵竟然取得了胜利——三大奸臣死的死,逃的逃,公子昭被宋襄公迎回到临淄,顺利当上了国君,是为齐孝公。

这次胜利令宋襄公昏了头了,为齐国这样的霸主国解决内乱,这是何等惊天动地的大事!宋襄公站在齐国的国土上,似乎看到了齐桓公当年看到的景象:所有诸侯在他的号召下举行了会盟仪式,而他在仪式中担当了中心人物。其实,这次攻进齐国之所以会胜利，宋襄公的功劳并不是很大。这次的胜利在很大程度上得归功于齐国国内拥戴公子昭的贵族们，若不是他们，宋襄公也难以取得胜利。

宋襄公的内心膨胀让他产生了身居霸主地位的错觉，就在这种美好错觉的推动下，宋襄公开始了他一系列的征讨战争和会盟号召，最后，宋襄公拉到了卫、郏、曹、滑等几个小国的支持。在这样的情况下想要成为霸主，宋襄公还差得远。

就在宋襄公野心勃勃地进行他的霸业时，来自南方的压力却明显加强，这是自齐国衰弱后崛起了另一个国家——南方的熊氏楚国。

楚国的公室姓芈，熊氏，最早兴起于古丹淅之地（今河南淅川县东南部），在后来的发展中，国土大大扩张，包括现在的湖北全部、湖南、重庆、河南、安徽、江苏、江西部分地方。虽然国土大到令人担忧，但楚国毕竟地处偏僻的南方，因此整体发展并不及中原一带的诸侯国。但是，国土大就有发展的潜力，基于此，便是强大如齐国，也不得不对楚国敬畏几分。齐桓公就曾经领军出兵楚国，后在楚国的战略考虑下，两国才暂结联盟，平息战火。

当时楚国的楚成王弑兄夺位，继位后大力发展楚国，并在周惠王的命令下镇压夷越，大力开拓了江南之地。在楚成王年间，楚国相继灭掉了东南的许多小国，楚国于是在东南站稳了它的脚跟，并因此将眼光放到了北部的诸侯争霸战中。

齐国出兵楚国,最大的原因也是楚国对于中原霸业的觊觎,而这种觊觎直接威胁到齐国的地位,因此齐桓公自然不能不过问。而碍于桓公的威望,楚国明白与齐国争霸并不能争出个结果来,只好暂时罢兵,互结联盟。待到齐桓公死后,这种情况就不一样了。齐国已经失去了它的霸主地位,就连宋国这样的小国都敢以霸主自居,更何况雄视整个南方的楚国。

当时楚国是楚成王在当家,面对宋襄公的野心,楚成王拉拢了陈、蔡、齐、郑等国,结成了宋襄公集团之外的另一个联盟。

面对来自楚国的压力,宋襄公想要继承齐国的霸业可没那么简单。虽然宋襄公已经以霸主自居,但实力不强的他并没有得到所有人的认同。在不承认他的诸侯国里包括楚国和齐国,宋襄公也明白,要想真正达到呼风唤雨的程度,还必须得到这两个大国的认同。

于是秦穆公二十一年(前639),宋襄公派出了两个使者前往楚国和齐国,把会盟诸侯的想法告诉了两个国君,表达了希望得到他们支持的想法。这信来到了楚国,楚成王一看,露出了轻蔑的一笑。他讥笑世界上竟然还有宋襄公这样不自量力的人物,就凭他还想号召我楚成王?

楚成王本来不想给宋襄公这个面子,但是他的大夫成得臣就对他分析了:宋襄公好名无实,轻信篡谋,倒不如利用这个机会,图中原盟主之位。楚成王听后,心也痒了起来,自己和齐桓公争了多年,总没有个结果。现在齐桓公去世,如若趁这个时机插足中原，那倒是个绝好的计策。于是，楚成王便采纳了成得臣的建议，开始和宋襄公玩玩这个争霸的游戏。

得到了楚成王和齐孝公的赞同，宋襄公于是会合齐、楚两国于齐国鹿地进行会盟。在这次会盟中，宋襄公一直以盟主的身份自居，非但如此，他还未与齐、楚两国讨论便自己拟定了一份通告。通告的内容是在宋国会合诸侯，共扶周天子王室，时间定在了同年秋季。看到宋襄公如此自傲，楚成王和齐孝公心中不快，但为了各自的利益，两人最后不得不在通告上签字，算是承认了宋襄公的霸主地位。

宋襄公见楚成王和齐孝公都签了字，顿时更加飘飘然起来，仿佛整个东周已在他的掌握之中，而他即将代替齐桓公，上演春秋霸主的续集。

但是，宋襄公的理想只能是梦想，因为当天下人看到宋襄公想要站在霸主的位置上时，忽然发现这个人身上根本找不到任何足以当上霸主的功绩。只凭着解决了齐国内乱便想当霸主？宋襄公真是想太多了。连齐孝公看到他的居功自傲都感到不舒服，何况天下的争霸者。而宋襄公也确实不自量力，不去想想在晋、楚、齐三大国的包围下，自己不过是在夹缝里求生存的一个小国，就这点实力如何能在乱世里号令诸侯呢？可怜宋襄公，最后也只能在自己毫不实际的理想国里一睡不醒。

时间很快就到了秋天，当时宋、齐、楚三国签订的会盟合约将在今天举行。于是，除了齐孝公和鲁国国君外，楚、陈、蔡、许、曹、郑等六国之君都出席了。这本是宋襄公想借之确立自己霸主地位的一次会盟，但宋襄公没有料到，在这次的会盟途中却杀出了一个"程咬金"，令他的霸业受到了严重的阻碍，最后彻底摧毁了他的理想。

宋襄公你一边站去

秦穆公二十一年（前639）秋，一个消息随着一阵凉风吹到了秦国的雍城：宋襄公会盟了楚、陈、蔡、许、曹、郑六国，准备与宋国订立扶助王室的盟约。秦穆公一听，暗暗笑了起来。中原就要发生一场事故，而他则作为背后的旁观者，正在冷眼旁观着。

正如秦穆公能想到的结果一样，这次会盟并不是那么顺利。宋襄公想凭功绩，楚成王想凭实力，谁都想在这次会盟中当个老大。于是，一场矛盾不可避免，而这场矛盾又将不可避免地上升为战争。

在这次会盟中，因为是宋襄公号召的，因此他已经完全融入了盟主的身份，走起路两袖摇摆，活像一个首长在巡视着下属。看到这一幕，坐在一旁的楚成王偷偷一笑。他心想这个宋襄公真是痴呆，难道还不明白自己的分量吗？早在赴约之前，楚成王就和他的臣子进行了一场议论。议论的结果是楚成王必须趁这次会盟将盟主这个身份给抢过来。看来,这场会盟注定有趣。

会盟的开端由宋襄公讲话。宋襄公像一个主持人一样将这次会盟的内容、目标等一一介绍,这都是会议的场面话,冗长而无趣。等到这些介绍结束之后,真正的重点才从宋襄公的嘴里迸了出来。只听宋襄公问道:"有功论功,无功论爵,我们该挑谁做盟主呢?"

宋襄公自帮助齐孝公登位以来便自认功绩之大无人可比,而楚国不过南方的一个野蛮邦国,对中原的发展并无任何功绩,因此才会说出这样的话来。楚国也明白以威望来论地位,对于自己无疑是无益的,毕竟宋襄公跟了霸主齐桓公多年,而自己又和齐桓公争了多年,因此楚国并不愿意和宋国来以功论赏。但是,功不行,要论爵也不是很好。因为就爵位而言,楚国的子爵地位比起宋国的公爵地位,那也是输了一等。这样分析下来,似乎对楚国都没有什么益处,但是,楚成王既然来到这个地方,他就做好了耍赖的准备。毕竟,在乱世中还讲礼的只能是宋襄公这类迂腐之人,对于楚人,他们不屑这一套。再者,就国力而言,在这里楚国还是可以排第一的,因此软的不行,不妨就来硬的。于是楚成王说:"我是王,你只是公,当然我来做。"

楚成王拿出自己的名号来吓吓各位诸侯,但是这个王的名号毕竟不是周天子承认的,宋襄公也不是笨蛋,自然不会被这个假号给骗到。但是宋襄公见楚成王的态度与春天那次会面大有出入,顿时恼怒不已,斥责楚成王不过一个充假王的子爵而已,竟然如此蛮横。

楚成王也不想再和宋襄公多说什么了,直接来比较快。只见成得臣手中的旗子一挥,当时随着楚成王前来开会的那些家仆、侍者无不脱掉外衣,纷纷现出了里面的兵器。宋襄公一惊,却也无可奈何。因为宋襄公向来以仁义自居,仁义之人岂能在盟会上偷偷藏着兵器?因此宋襄公此次赴会完全是不带一兵一卒。

就这样,宋襄公轻而易举地就被楚成王绑了起来。而那些参会的诸侯们,不说基本都是楚国一方的人,便是顺从宋国的,也碍于楚国的强大而不敢出头。所以,宋襄公只能眼睁睁地看着盟主之位离自己渐行渐远,而自己正在被绑往楚国国都的路上。

宋襄公成了楚国的阶下囚,不久后,在宋国大臣的公关外交下,齐、鲁两国出面为宋襄公求情调解。楚成王对宋襄公也没多少兴趣,自己在中原盟会上大显身手的欲望已经实现了,这个宋襄公留在楚国也是个累赘。因此,算是给了齐、鲁两国的面子,楚成王放回了宋襄公。

宋襄公受此大辱,愤怒的心情已经无法平复。楚成王这种不仁不义的做法,他对此极其鄙夷,发誓一定要报这个仇!但是,宋襄公虽然一股气挤在心头,却难以发泄。为什么?因为楚国国力那么强大,并不是宋襄公想打就打的。想到这里,宋襄公委屈至极,看来仁义也有没用的时候。

但是,不久后宋襄公就想到了一个发泄怒气的办法。既然打楚国不行，那么就打亲楚的郑国。此时的郑国早已不复郑庄公时候的霸气，在郑文公时，为求生存，不得不在各大国之间来回往复。齐桓公死后，晋国又值多事之秋，郑国便毅然决然地倚向了楚国，打出了支持楚国称霸的口号。

宋襄公因为看楚国不爽，自然也就看支持楚国的郑国不爽。因此，宋襄公不顾臣子们的反对，派出大军讨伐郑国。郑文公见宋军大兵压境，自己难以抵挡，于是派出使者前往楚国求救。楚成王怎么会放弃这个管理中原事务的机会？一接到郑国的求救信后，楚成王立即派出了军队前往救援。

可是这支楚军却不是前往战事发生的郑国，而是直逼宋国，这使得宋襄公吓出了一身汗来。自己国家本就没多少兵力，此时又派出了一部分来攻郑国，实力空虚的国土怎么可能抵挡得了楚国的进攻。想到这里，宋襄公立即放弃了攻伐郑国的计划，鸣金收兵，赶回宋国。

秦穆公二十二年（前638）十一月初一，当楚军进抵泓水南岸时，宋军已经在对面等候着他们的来临。这时候，宋、楚之间一场决定性的争霸战争已经要打响了。

这是楚国主动挑起的战争，因此，楚军想要碰到宋军，必然要渡过泓水。可是宋军已经在对岸严阵以待，自己在渡水的过程中必然会失去战斗力，从而为宋襄公偷袭自己提供了便利。虽然考虑到这一点，但是楚成王也不愿因顾忌太多而失去这个机会。因此，他毅然下令楚军渡过泓水，和宋军决一死战。

楚军开始了渡水之举，这时候，宋襄公的右司马公孙固对宋襄公说："彼众我寡，可半渡而击。"相信换成任何一个处在宋襄公位子上的人，都会采取这个计策。渡水的楚军几乎毫无反击之力，此时，位于岸边的宋军只要几堆弓箭，便足以令楚军溃败。

但是，这个人毕竟是宋襄公，迂腐得令人难以置信的宋襄公。面对这个大好时机，宋襄公竟然以"不推人于险，不迫人于阨"的仁义精神拒绝了公孙固的提议。听了宋襄公的话，公孙固两颗眼珠都快瞪了出来，这到底算哪门子的道理？

既然渡水时不打，那么这下楚军已经渡过了泓水，在岸边开始列阵了，这个时候出手总不算不仁义了吧。于是公孙固再次提议宋襄公，趁着楚军队伍混乱之时，杀它个措手不及。

但是，宋襄公还是一副淡定的仁者风范，他以仁义之师不打没准备好的军队为理由，再次拒绝了公孙固的提议。公孙固此时已经毫无办法，面对这么愚蠢的主公，他也只能自求多福了。

可是，上天并没有赐给宋国太多的福气。待到楚军整理好队形时，宋军已经难以和这支军纪严明的大军相抗衡。很快，泓水之战彻底浇灭了宋襄公的理想国。

宋军大败，宋襄公的大腿也因此受了重伤。重伤在床的宋襄公还异常顽固，当国人皆认为泓水之战的失败是因为宋襄公不懂军事的时候，他像一个倔强的孩子，噘着他的嘴，硬生生地说出了这样的话来："君子不重伤，不禽二毛。古之为军也，不以阻隘也。寡人虽亡国之余，不鼓不成列。"（《左传》）这些话的意思归结于一点,便是:君子不乘人之危。

说完这句话不久,宋襄公便带着他的仁义理想而逝了。可怜的宋襄公,既认不清自己,也认不清局势,一味拿仁义说事,到最后落了个这样的下场。无怪乎春秋时人会说"郑昭宋聋",意思便是郑国懂得见风使舵,而宋国却只会死死地盯着一点。

不管怎样,宋襄公的霸业还没来到便走了。相反,在泓水之战大败宋国的楚国却如日中天、炙手可热,此时,楚成王的霸业已经实现了一半,为日后的楚庄王称霸奠定了坚固的基础。但是,楚成王也不用高兴得太久,因为当晋国的重耳回到他的国都时,楚国就注定得将这个霸主之位给让了出来。

宋楚争霸是齐桓公死后的春秋旋律,它再次说明了这个时代是不可能得到平静的。当然,这种不平静在宋襄公死后,还在继续着。

晋文公爆发了

不久后,重耳也在秦穆公的帮助下回到了晋国。在重耳当上晋公几年后,秦穆公便收到了来自宋国的书信,信中表明了希望秦穆公能和宋国一起同仇敌忾对抗楚国。原来,天下的格局在宋襄公死后又改变了。

秦穆公二十三年(前637),宋襄公病重,其子王臣嗣位,是为宋成公。成公为保全宋国,只得做出了一个委屈的选择——依向楚国。宋成公的这个选择在当时无疑具有代表意义。因为在齐桓公死后,中原已经缺少一个可以统筹全局的人物了,而在当时,楚国最大,因此中原诸国在心中埋怨着楚国不仁义的同时,却又不得不屈从它。

在这种背景下,世人无不希望一个如齐桓公那样的救世主降临,而这个期望,正好成了重耳称霸的背景。

秦穆公二十四年(前636),重耳在秦穆公的帮助下回到晋国，顺利当上了晋公，是为晋文公。文公即位之初，面对当时人心离散的晋国，明白若无改革，将难以挽救这种颓势。于是在和舅舅狐偃及姐夫赵衰等人的讨论下，文公决定对晋国来一场大刀阔斧的改革。

狐偃总操刀，赵衰辅佐，在他们一系列的改革措施实行之后，晋国渐渐有了起色，晋人也在几十年的阴霾之后，终于在文公身上看到了晋国未来的曙光。

也是历史该倚向晋文公，就在文公即位那年，周王室又发生了一场内乱。周襄王有一个胞弟叫作王子带，王子带自襄王即位后便屡次和他相争王位，齐桓公刚去世不久，王子带又动起了歪念头。他联合了狄人攻进周都，周襄王无力抵抗，只得逃往郑国。

在郑国的周襄王唯一能想到的就是求救于诸侯，于是他告难于鲁、晋、秦等国，希望他们能尽快来拯救自己。勤王作为称霸的一个途径，自然受到所有有着图霸之心的诸侯的青睐，因此，基本没有诸侯会拒绝这个请求。

当时，秦国的百里奚一看到这封求救信，便立即劝秦穆公将周王子迎到秦国，好行称霸之事。秦穆公也有这个想法，便二话不说开始调兵遣将。待穆公来到了黄河岸边时，忽然产生了对于晋文公干涉的担心，于是只好暂时屯兵于此，静观其变。就在秦穆公还在黄河岸边徘徊的时候，晋文公在狐偃等人的赞同下，已经亲率大军，以迅雷不及掩耳之势甩掉了秦穆公，直入周地。文公兵分两路，一路前往郑国迎周襄王，另一路则直逼在周的公子带。

晋国当时正好是人心积极，而周王朝的实力已经比小国还不如，因此轻而易举地，晋军便攻破了王子带的军队。叛军溃败，周襄王被晋文公顺利地迎回了国都。

周襄王回国后，大赏晋国，不但好酒好肉，还将阳樊、温、原、攒茅四个农业发达的城池赐给了晋文公。周襄王此举大大扩大了晋国的疆土。晋国在勤王之后，不仅实力有了大的提高，连威望都直逼当初的齐桓公。

看来穆公在这次行动中输给了晋文公，这自然不能说穆公比起文公来更加优柔寡断，毕竟就地理位置而言，秦国要到周都和郑国，都必须经过晋地，这是秦穆公不得不考虑的一点。也因为这一点，穆公称霸的时机就这样让给了晋文公。

此时的晋国犹如一颗明星，照亮了中原各国的希望。宋国早就不满楚国，苦于没有一个大的国家可以依附，此时晋国以勤王的姿态崛起，宋国自然而然背离楚国而倚向了晋国。宋国此举又作为一个代表性的意义，表示了春秋格局的中心在楚成王那里停留不久便往晋文公转移过去了。

晋文公对于宋国的讨好，心有接受之意，毕竟这是他控制中原诸侯很关键的一步。但是另一方面，接受宋国的同时便意味着要交恶于楚国。楚国虽只雄踞南方，但对中原局势有不可忽视的影响力。这一点晋文公也不得不考虑。就在晋文公徘徊不前时，他的大臣先轸站出来说话。先轸认为必须接受宋国。对此可能造成的后果,先轸也想好了对策:这是一个春秋版的围魏救赵——攻伐楚国的盟国曹、卫,楚必救之,则宋国之危自解。

如先轸所言,宋国的背叛引起了楚国的愤怒,楚成王必要出兵教训宋成王,让他也尝尝他父亲尝过的味道。于是,楚军再次出发,直逼宋国。

为了解救宋国,晋文公在军事上进行了改革,将原来的晋国二军重组为三军。在周朝,拥有三军的便属大国,晋国此举,无疑确立了自己中原大国的地位。这一番准备以后,晋文公拔擢六卿,携众诸侯,率领晋军乘南而下,直达卫国。

来到卫国的国境线上时,晋文公派人向卫成公借道援救宋国。卫成公担忧昔时假道伐虢的悲剧再次重演,因此拒绝了晋文公的请求,晋军只好另渡黄河。后来晋文公又提出在卫国征调部队的请求,再次遭到了卫成公的拒绝。晋文公看卫成公如此不给面子,遂令先轸带领部队直逼卫国。

当时卫国内部亲晋大臣较多,卫成公的举动遭到了大臣们的反对,最后导致了政变,卫成公被赶出了卫国。卫国因此依附了晋国。

这之后,晋军接着南下,来到了曹国。晋文公想起当时逃亡路上曹共公对自己的不礼行为,为报此羞辱,令三军以猛烈的攻势进攻曹国。若要硬拼,曹共公当然赢不了晋文公,因此他想了一个很奸诈的方法:将晋国阵亡士兵的尸体悬挂在城楼上。此举大大动摇了晋兵的士气。为回报曹共公这个奸计，晋文公来个更狠的：晋军将曹国先人的祖坟全部刨开，挖出里面的尸体，暴尸军前。曹国士兵和百姓一听到这个消息，不无哀恸，曹国上下一片哀号。

为了祖先安宁，曹国人和晋军做出了交易，他们将运回晋兵的尸体给晋国。晋文公答应这个交易，便趁着曹国大门打开，曹人从里往外运送棺材的时候，令伏兵一出，直入曹国，俘虏了曹共公。曹国也依附了晋国。

晋国成功降服了曹、卫国，围攻宋国的楚国却还没有退兵的意思，此时晋国面临着和楚国决战的境地。在这种把握不大的情况下，先轸向晋文公献策：让宋国使者去贿赂齐、秦二国，使齐、秦劝楚退兵，而自己则将曹、卫之地分割给宋国，这必然导致楚国的愤怒，楚国一怒，自然听不下齐、秦相劝，这将更坚定两国联晋的决心。

按照先轸的计划，宋国的使者来到了秦国，秦穆公收到了宋成公的求救，也明白这是晋文公的意思。其实，晋文公这几年过得风风火火，这早令秦穆公看得有些眼红。但是，能和晋、齐、宋一起扼制楚国，意味着中原已经接纳了他这个西方诸侯。因此，他并不想放弃这个露脸的机会，能多表现就多表现，这是秦穆公的争霸哲学。

就这样，在先轸成功的外交谋略以及齐、秦各自的打算下，齐、秦两国决定出兵援助晋国，由此，春秋形成了三强联合对楚的战略格局。

三强联合，一向自信的楚成王也有点慌了。为防止秦国从后方偷袭，他下令围攻商丘的成得臣领兵退回。但成得臣却自信满满，坚决请求与晋一战。楚成王见成得臣如此坚决，也不再泼他的冷水，只好同意。但仍有所迟疑的楚成王不敢出全力，只派出了小部分军队增援成得臣。

楚国不退，晋国猛进，这就注定了一场难以避免的战争。而这场战争发生在当时的两个大国晋、楚之间，更有齐、秦等国的参与，从而决定了这场战争的影响必然是巨大的，而事实也正是这样。

秦穆公二十八年（前632），围攻商丘的成得臣见晋军来势汹汹，却毫无畏惧之色。他故意给晋文公送去一封休战协议，协议里声称如果晋国能让曹、卫复国，那么楚国就退出宋国的土地。这协议看似休战，其实是激战。晋国如果退出曹、卫的土地，那意味着晋国的霸者之战将暂告一段落，这当然是晋文公所不愿意的。

因此，面对成得臣的激战，先轸也想出了一个更高明的计策来对付他：将计就计，私下答应让曹、卫复国，但前提是两国必须与楚国绝交。这是一个更加高明的激将法，果然，成得臣看到曹、卫竟然公开表明和楚国断绝关系，恼羞成怒，遂仗着自负直逼晋军。

为避开楚国的锋芒，先轸诱敌深入，后发制人，下令部队主动"退避三舍",撤到了预定的战场——城濮(今河南濮城)。将昔日的诺言化为计策,先轸不愧为春秋时代著名的军事统帅。

晋、楚两军于城濮发生了战争。这场战争中,成得臣刚愎自用、不谙虚实,将主力集中于中军,造成两翼的防备甚弱。面对这种情况,晋下军佐将胥臣将驾车的马匹蒙上虎皮,出其不意地向楚军中战斗力最差的右军——陈、蔡军实行猛攻。楚军右翼溃败,晋军取得首胜。

之后,晋军上军主将狐毛和下军主将栾枝采用了示形动敌计略,做出撤退的样子,诱敌追赶。成得臣上当,令左翼追击。最后在先轸中军和狐毛回军的围攻下,楚军左翼溃败。至此,楚军左右两翼皆败,大势已去,为保住中军以免全军溃败,成得臣无奈何只得退兵,后被迫自杀。

城濮之战以晋军大胜收场,它成功遏制了楚国北进的战略,预告了晋文公霸业的到来。城濮之战也再次改变了春秋的格局,晋国继承了齐国的位子,开始了它号召诸侯的历史,而有所不甘的楚国也在南方伺机而动。

当然,面对晋文公的成功,高兴的不仅仅是晋文公一个人,文公的恩人和岳父秦穆公也面露喜色。虽然自己的女婿混得比自己好,这让穆公多少有点吃醋。但是,文公成功了,而自己作为和他最亲近的诸侯,好处自然也少不了,这就好像齐桓公死后,由宋襄公出头一样。

春秋格局的变化,为秦穆公再次提供了机遇。

秦晋分道扬镳

晋文公在城濮大败楚军,后又接受周天子面见奖赏,正值顶峰的晋文公大会诸侯,正式坐上了霸主的位置。就在晋文公一方独大的时候,却有一个小国特立独行。它不将所有的筹码赌在晋国身上,而是分散投资在晋和楚两方之上,这个深谙投资之道的小国正是郑国。

郑国到了郑文公时,国力已大不如前。而郑国夹于楚、晋之间的地理位置也注定了它难以发展的事实。两个大国在两旁挤压着郑国,郑国要想生存,就必须懂得玲珑之道。因此,在晋、楚争霸的这段时间里,郑文公唯一能做的就是在两方之间徘徊。

郑文公这种蝙蝠式的反复性格不能令人感到满意,反而激起了晋国的不满。早在晋文公逃亡的时候,郑文公就对晋文公毫无亲近的表示,这无疑在晋文公心里留下了一道心结,因此晋文公早就想找个借口来整整郑文公。这时,对于郑文公的反复无常,晋文公找到了他出兵郑国的理由。

当然，晋文公并不想单独出兵郑国，因为郑国背后还有一个楚国在支持着。虽然楚国在城濮败给了晋国，但这并不表示楚国就从此失去和晋国抗衡的力气了。因此，晋文公在出兵郑国之前还做好了万全准备，如同当年城濮之战时找来秦国，这次晋文公也给秦穆公送去了合作的请求。

秦穆公收到了晋文公的来信。这封信件令秦穆公异常高兴，因为晋文公在出兵郑国时想到的合作对象是秦国，而不是齐国或其他国家，这说明秦国借晋国入主中原的战略已经实现了。秦穆公在高兴之余，唤来了众大臣商议是否出兵郑国。君臣商议的结果是：把握这个时机，出兵郑国。

秦国给了晋国回复，称自己愿意出兵相助，到时秦军将驻扎在汜水南面，希望晋国自己做好准备。晋文公一收到回复，兴奋不已，立即调兵遣将，驻扎于函陵之地。

郑文公此时正在国都里为自己的地理位置而烦恼着，忽然有人来报，秦、晋两路联军抵达郑国边境，做好了攻伐郑国的准备。郑文公一听，脸色立刻绿了下来，像个失去营养的乞丐，在那里恐慌地抖动着。

躲在国都里恐惧是没用的，郑国在晋、楚两强的夹击下还能存在那么久，一来，固然有晋、楚对于两国之间留个缓冲带的考虑，二来，我们也不能忽略了郑文公的能力。毕竟，如果郑文公是个昏庸之君，那郑国只怕早已狼入虎口。因此，面对这次大敌临近，郑文公只得勉强收拾起恐慌之心，叫来大臣们讨论对策。

在毫无对策的时候，郑国有个大夫忽然想起了一个人，于是他对郑文公说："国危矣，若使烛之武见秦君，师必退。"(《左传》)烛之武，这个人有那么大的能耐吗？郑文公心里这样想着，但是，在事情紧急关头，也只好死马当活马医了。于是郑文公听从了大夫的建议，亲自请烛之武来想想办法。

可是这个烛之武不是个好请的人物，只见他摇摇头，故作哀叹状对郑文公说："臣之壮也，犹不如人；今老矣，无能为也已。"(《左传》)原来烛之武也是空有一身抱负却得不到重用之人，此时君主来请他出山，他自然要表达表达自己的抱怨。

郑文公听了烛之武这酸溜溜的话，明白这也就是一个老臣发发牢骚而已，心里还是激动不已。当然，郑文公是个聪明人，他也不点破这一层，毕竟现在有事相请，当然得对人家恭敬一点。于是郑文公也故作后悔的样子，摇了摇头，直说当初没重用烛之武是他的错，希望烛之武能原谅他。

能让一个君主这样对待，这已经算是给了臣子很大的面子了。烛之武见郑文公如此恭敬，心里偷偷爽了一下，也就答应郑文公了。

可是烛之武答应是答应了，但是他真的那么有本事可以解决这个困境吗？看来，烛之武当初之所以会摆摆架子，自然是因为他心里已经有底了，没几分本事还真不敢乱应承下来。

烛之武对秦、晋联军进行了分析，他认为两军虽联合，却也各怀心计。尤其是秦国，本来秦国和郑国也没有什么交涉，因此此次秦国对于郑国的攻伐必然是不积极的。凭着这一点，烛之武相信只要以自己的三寸不烂之舌，便可以劝退秦军。秦军一退，晋军孤立，自然也就退兵了。烛之武是这样想的，但是秦穆公是不是这样想的，这还得看他的口舌有多厉害了。

烛之武计划完后立即付诸实行。首先他要去秦国军营中面见秦穆公，此举一定不能让晋文公知道，毕竟晋国人才济济，烛之武一人的口舌再利，也挡不住多人一起口诛。因此烛之武趁着夜色，令人用绳子绑着他，然后将他慢慢地从郑国城楼上放下去。

烛之武来到了秦营里，求见秦穆公。秦穆公听说郑国有使者前来，便令其进见。

烛之武见到秦穆公后，不客套，不寒暄，直入主题。他表明了他这次前来面见秦穆公的目的：希望秦国退兵。秦穆公见前面这位老者理直气壮地提出这样的要求，在觉得好笑的同时也感到几分敬畏。但是，要自己退兵哪有那么容易？秦穆公希望烛之武能说说他为什么要退兵。

烛之武面对和善的秦穆公，也多少放下了自己的姿态，将他当作一个朋友，对他说出了要秦国退兵的理由。原来烛之武认为灭掉郑国对于秦国有害而无益。因为秦国和郑国并无相邻，之间被晋国给隔了起来。郑国如果灭亡，土地必然都归晋国，便是有一部分土地给了秦国，那相离甚远的秦国又要这块土地做什么呢？因此，秦军帮忙灭掉郑国这一个行为无疑只是在为晋文公作嫁衣。帮晋文公扩大他的土地，同时也意味着削弱了自己，秦穆公何必做这种吃力不讨好的事呢？

说到这里，秦穆公稍露迟疑的神色。他觉得烛之武说得也无不道理，当时自己出兵郑国只考虑到有机会管管中原的事，倒真没想到那么多。烛之武见秦穆公已经对不上话来，知道自己成功了一半，立即接下去说。

烛之武挑起了昔日晋惠公对秦穆公的背约一事，然后得出了晋国贪婪的结论。因为晋国贪婪，如若郑国灭亡，那么不满足的晋国必然往西发展，而秦国正处在晋国的西部！

这事真是说到秦穆公心坎里去了。当时晋惠公的儿子在秦做人质时，晋惠公还要让自己几分，现在晋文公当霸主了，哪会在意他这个岳父的地位？再者，晋国现在比自己还强大，如果还一味地帮助它，那以后还如何实现自己控制晋国称霸中原的目标？想到这里，秦穆公再也不愿傻傻地帮助晋文公这个女婿了。最后，他和烛之武握了握手，表示感谢烛之武的一席话，并声称自己不久便会退兵。

在烛之武回到郑国不久，秦国便和郑国订立了盟约，并派出军队驻扎郑国，秦穆公自率主力而归。这个消息传到了晋营里，这令晋文公感到尴尬。如果晋文公出兵进攻郑国，那必然要和留守郑国的秦军公开对峙，如果不攻，兵已经来到这里，无功而返又令文公难以释怀。

晋文公进退不是，这时有人建议晋文公先袭击秦军再进攻郑国。但是，晋文公考虑了一下，觉得现在还不是和秦国撕破脸的时候，最终也只好退军而返。

这便是发生在秦穆公三十年（前630）的烛之武退秦师的典故。就因为一个烛之武，一场本可以轰动的大战顿时消弭于无形之间，这便是言论的厉害。其实，烛之武退秦师的影响不仅仅在于保全了郑国，同时，它更产生了一个长远的影响，即破坏了秦国和晋国之间的关系。

当时，秦军竟然敢留兵郑国，无疑向晋国表露了挑衅的态度，这也表明经过烛之武的一番劝说后，豁然开朗的秦穆公已经明白是时候和晋国当面来算账了。但是，霸主晋文公却对这种挑衅仍有所顾忌，这说明晋国虽然称霸了，实力却并不比秦国强多少。在这种情况下，两强对决的局面已经不可避免了。

秦、晋的关系在这里开始陷入尴尬的局面，两年后，当晋文公死后，这两个国家将彻底撕破脸面，进入它们的决战时代。春秋历史走到了这一步，秦晋之好已成为历史。

穆公要出手了

秦穆公三十二年（前628），晋国宣告了一代霸主晋文公的逝世。晋文公在位不到十年，却顺利俘虏了中原众诸侯的心。因此，当晋文公的继位者晋襄公将文公死讯公告于天下时，几乎所有诸侯都赶到晋国参加文公的葬礼。但在到场的这些诸侯中，晋襄公却看不到一个熟悉的身影。

这就是秦穆公。

如果说晋文公的死让谁最高兴，其一便是楚成王，自己的死对头终于先自己而去，能不为他击掌叫好吗？当然，除了楚成王外，还有一个人也很高兴，这个人不是别人，正是晋文公的岳父秦穆公。

当秦穆公接到晋襄公发来的讣闻时，非但没有为女婿的过世而感到伤感，相反的，秦穆公暗暗激动了起来。这个阻碍自己称霸的人终于走了，现在，是自己出场的时候了。

秦穆公本就想和晋国来一场对战，只是苦于秦晋之好的名义摆在那里，不好行这不仁义之事。另外，晋文公的存在也让秦穆公忌惮几分，因此穆公才迟迟不敢动手。两年前，穆公留兵镇守郑国，便已经有了挑衅晋国的意味，他心想，你晋国敢打就来打吧，我奉陪。但是，晋文公在当时并没有想破坏秦晋之好的意思，因此这场决战就耽搁了下来。

两年后，晋文公走了，秦穆公也就不想再等了，自己已经在秦公位子上坐了三十几年了，再等下去只怕要去和晋文公见面了。因此，趁着文公新逝、晋国忙着办理文公后事的当儿，穆公决定要出手了！

穆公召集大臣们，对他们说出了自己的心事。原来穆公一直记挂着自己对于晋文公的帮助，帮助他回国，更将勤王的机会让给了他，要不是自己，晋国哪能有现在的地位。

百里奚在穆公的抱怨中已经看出了穆公的心思，但是百里奚却不赞同穆公的想法，他希望穆公能消一消火，以大局为重，不要贸然出兵。但是年老的秦穆公一意孤行，他已经不能再等了，女婿都走了，自己还能等到什么时候？百里奚知道穆公心意已决，也就不再劝说了。

可是出手也不是说做就做的，必须规划好整个行程。首先，要出兵晋国必须找个理由，可是眼下秦穆公一时也找不到借口，何况在人家办丧事的时候偷袭，只怕会落下不仁不义的骂名。就在秦穆公和他的谋臣们为这个行动伤脑筋时，又有讣闻传到秦国,原来郑文公也跟着晋文公走了。

跟随讣闻而来的是一个叫作杞子的人的来信。杞子是当年秦军留守郑国的将领,他在信中跟穆公做了郑国现况的报告。原来继承郑文公位子的是郑穆公,这个郑穆公年轻的时候曾经在晋国当过大夫,和晋文公有过交情,因此亲晋的他一上位便归附了晋国。杞子认为这时候必须出兵郑国,而自己正好握有郑国北门的钥匙,可作为内应为穆公打开郑国的大门。

这个忽然事变点亮了秦穆公的对晋策略——他决定先出兵奇袭郑国。其实,出兵郑国是完全有理由的,当年烛之武退秦师之后,秦、郑订下了盟约,郑国承诺当秦国在东方的依附国。可是郑穆公一上位却倚向了晋国,而忘了当年和秦国的盟约,就凭着这点,秦穆公便有了出兵郑国的理由。而秦国一旦出兵郑国,晋国自然也不会坐视不理,两国的大战将无可避免地爆发。另外,当年秦军从郑国退回的时候,还留下了杞子等将领驻守郑国,有了这些内应,秦国打郑国也将更加容易。

这时百里奚和蹇叔一听,更加慌了。出兵晋国已是难事,还想路过晋国的土地远征郑国?蹇叔急忙再谏穆公,认为郑国之远,想要偷偷袭击是不可能,而军队在长途跋涉后必然劳累不堪,因此袭击郑国的计策万万不行。百里奚也跟着蹇叔,再行劝谏。

当时,既然有反对穆公的,必然也就会有支持穆公的。在这群支持穆公的臣子中,有一个人正值意气风发之年,自小习武的他身材魁梧，脸庞上横生两道剑眉，眼神虽有几分刚毅，却又透着一丝年少的轻浮。他看百里奚这群老臣如此担忧，揶揄他们真是胆小鬼，然后胸有成竹地向穆公自请领兵出战，又保证自己必大胜而归。

秦穆公的一把火本在百里奚等老臣那里浇得几乎殆尽，这时候，这个青年忽然站出，拍拍胸脯大发誓言，这种信心十足的坚毅重新点燃了穆公的火焰。于是，秦穆公便忽略了百里奚和蹇叔的劝谏，拜这个青年为大将，以他身后的两个青年为副将，将征伐郑国的事全权交给了他们三个年轻人。

这时候百里奚更是吓坏了，他对这次远征郑国本就不持有乐观态度，这种情况下，谁统兵谁倒霉。而没想到，自己的儿子竟然自请出兵！百里奚可不想看自己的儿子还没立大功就先兵败而归，于是百里奚急忙提出希望穆公收回这个军令的请求。没想到，他的儿子却揶揄他这个老父亲是个胆小鬼。一番争执下，百里奚也无可奈何。罢了，让他出去体验体验下也好，百里奚只得这样安慰自己了。

没错，这个青年正是当初跟着杜氏流浪天下的那个小孩，名字叫作百里视，字孟明，人称孟明视。孟明视幼年的时候便在没有父亲的家庭里长大，只靠母亲在忙于赚钱养家的空闲时候接受母亲的一点教育。因此，孟明视自幼便有野孩子的倾向，喜爱舞枪弄棒，最后竟养成了和父亲百里奚截然不同的性格。

而被点为副将的另外两个人，一个叫作西乞术，一个叫作白乙丙，这两个人是百里奚挚友蹇叔的儿子。看来，自古突破的事业都由青年人来做，秦国此次也不例外。就这样，孟明视在拜将以后，领着西乞术和白乙丙两个副将，带着一支士气饱满的军队，威风凛凛地走出了秦国的东大门。

望着孟明视的军队往东而去，身影渐渐消失在地平线上。秦穆公在心里为他们默默祈祷着，希望他们能凯旋。而百里奚则暗暗叹了一口气，眼眶里充盈着泪水，似乎再也看不到儿子了。在百里奚一旁，蹇叔早已按捺不住心里的悲伤了，他大哭着喊道："孟子！吾见师之出而不见其入也！"（《左传》）我能看着你们出去，却看不到你们回来。这句话真是大忌！秦穆公一听，感到纳闷和愤怒，这老头子怎么净说这种不吉利的话。于是他讽刺地回蹇叔道："尔何知，中寿，尔墓之木拱矣。"（《左传》）你这个老头子马上就要死了，当然等不到！秦穆公一时的愤怒之言令一个忠心耿耿的老臣感到寒心。事情发展到这里，秦穆公那焦躁的心已经显露出几分了，毕竟他也已经老了。

百里奚生怕君臣生隙，赶快扶起痛哭不已的蹇叔，往城里走去。可是蹇叔一边颠簸地走回，同时又一边哽咽地往远去的军队大喊道："晋人御师必于崤，崤有二陵焉。其南陵，夏后皋之墓也；其北陵，文王之所辟风雨也，必死是间，余收尔骨焉！"（《左传》）

蹇叔认为晋国必定趁着秦军东进的时候于晋国的崤山（今河南陕县东）偷袭之，而秦军远征，精力必然比不上晋军，到那时，以逸待劳的晋军将大败秦军，而他蹇叔必然会去那里帮他们收尸。

蹇叔的哭喊随着军队渐渐地远去，却一直游荡在秦穆公的心里。此时的穆公早已失去了信心，六神无主的他只能抱持着几分侥幸之心，并在斥责蹇叔老糊涂的同时给自己寻求一点慰藉。

可惜，老糊涂的是秦穆公自己，称霸心切的他竟然看不到这次远征的种种弊端。不久后，穆公将为自己对于蹇叔的斥责而感到后悔，因为蹇叔的崤山之论竟然是这般准确！

孟明视首出兵

当孟明视领着军队离开秦国的时候,急躁的心已经忍受不了父亲那烦人的交代。他随口应了几句,便下了出发的军令。此时,虽然蹇叔在后头大声哭喊,也挡不住这群年轻人的盛气。

正苦于平生所学无处施展的孟明视,此时却有幸当上了主将,得以统领大队士兵。就在军队休息的当儿,孟明视想着浩瀚秦军竟然全掌握在自己一人之手,成就感油然而生,整个人因此飘飘然起来,似乎和这天地合为一体,而他则主宰着天地万物。

当然,想想是很容易的,可是做起来又是另外一回事。要知道,从秦国雍城到郑都,此间距离长达一千五百里,更兼旅程中有桃林、崤函、辕轘、虎牢等数道雄关险塞,如此行程,孟明视要经历的艰险可想而知。

但是,在军队还没碰壁之前,孟明视一群人还是意气风发的。他们带着一腔熊熊热火,逐渐远离了秦国的土地。

气焰旺盛的秦军路过了周王室的都城洛邑北门，照理，军队从周天子前面大肆走过是不敬的，但是生在乱世的孟明视实在不想顾忌那么多了，结果是"左右免胄而下，超乘者三百乘"（《左传》）。面对秦军表现出的轻佻无力，周王室有一位童子做出了这样的预测："秦师轻而无礼，必败。轻则寡谋，无礼则脱。入险而脱。又不能谋，能无败乎？"（《左传》）这位童子就是后来的周大夫王孙满。预测虽说不能相信，但他点出了一个事实，即孟明视年少轻狂，这很可能成为他兵败的原因。

军队经过洛邑后继续出发。孟明视带着军队已经走了很多天了，却还没走到目的地。时为秦穆公三十二年（前628）冬，有小雪纷飞，冷清的道路唯有寒风呼啸，活像躲藏在深山野林里的怪兽，随时都有可能冲出。

路程之远，更兼如此冷的天气，士兵们早已渐渐失去了刚出城门的那股冲劲，一个个在寒风的刮打下冷得抖擞，慢慢地起了抱怨之心。孟明视望着一望无际的道路，也渐渐萌生了退缩的念头，但是，自己当初拜将时曾夸下海口，这时候哪能回去丢脸？因此，孟明视隔一会儿便激励着自己，也激励着士兵。军队就这样拖拖拉拉地前进着。

又走了一段路程，时间已经从秦穆公三十二年（前628）末进入秦穆公三十三年（前627）初，孟明视带领着军队来到了滑国（今河南偃师东南）的土地上。滑国离郑国只有八十公里远，孟明视精神大振，回复到刚出雍城的那份信心，仿佛胜利已在眼前。为确保军队在袭击郑国时有足够的精力，孟明视便令军队在这里暂作休息。

就在秦军休息的时候，哨兵远远看见有一个人赶着一批牛群往军队走来。当哨兵把这个发现上报给孟明视时，孟明视随即令人将这个人请来，探询究竟。

这人来到秦营里，大大方方地向孟明视做了自我介绍。原来他叫作弦高，是来自郑国的使臣，因为郑穆公得知秦军正驻扎在滑国之地，于是派出他领着牛群前来犒劳秦军，并代表郑穆公欢迎孟明视三个将军前往郑国一坐。弦高说完就将随身带着的四张牛皮和十二头牛献给了秦军。

孟明视一听，顿生疑虑。这次出兵并无透露，为何郑国却已经得知？而郑国既然已经得知，那必然会提前做好准备，此时自己再贸然出兵不是很危险？孟明视想到这里，顿时如泄了气的皮球，本以为胜利即将到手，没想到却突生事变。自己行军如此之久的计划就这样毁于一旦，孟明视不懊恼也不行。

懊恼是懊恼，所幸孟明视也不是个过于莽撞之人，他懂得审时度势，既然讨伐郑国已经是难事了，那又何苦去硬碰这块石头呢？孟明视深感遗憾之下，也只得向弦高敷衍几句，告诉他自己并无意前往郑国。可是孟明视心想，如何才能让弦高相信自己并无意前往郑国呢？当孟明视头往下一低，看到滑国的土地时，他想到了一个办法。

孟明视对弦高表示，自己此次东征不过为讨伐滑国，与郑国无关。弦高一听，也知道他不过是找找借口，但是自己的目的已经达到，因此也不再多说什么，只随意回应了几句，也便告辞了。

孟明视一代大将，却栽在了一个商人的手里。其实，这个弦高并不是什么郑国使臣，郑国也并不知道秦国正悄悄领兵前往自己的土地。这个弦高只是一个路过滑国的郑国商人，当他看到孟明视的军队时，在悄悄地打听和自己的猜测下，便料定了这是要袭击郑国的秦军。弦高一惊，自己的国家哪能挡得住秦军的来袭？危机临近，爱国的弦高忽然想起了烛之武的事迹，便想效仿一下前人，凭一己之力来退秦师。

因此他便装成了使臣往见孟明视，居然成功骗到了秦师退兵。弦高在这次表现中大有烛之武的遗风，看来郑国从来都不是缺少能人，而是缺少伯乐。

弦高骗退了孟明视后，立即赶回郑国，向郑穆公报告了这件事。郑穆公又惊又喜，便表示要奖赏弦高，被弦高婉拒了。这时郑穆公想起了身在郑国的秦将杞子等人，秦军前来，这几个人必定是身为内应。于是郑穆公找了个借口遣送杞子等人回国，杞子等接到消息，知道偷袭事败，为免生枝节，也只好先行回国。

郑国就这样又一次被保住了，可是孟明视、西乞术和白乙丙这三个年轻将领却不好过了。郑国攻不了，自己不就无功而返了？当初信誓旦旦，如今却无功而返，这回去后必然被父亲那一辈人笑话，而且自己也无脸向秦穆公交代，这可如何是好。

就在三个人急得火烧火燎的时候，孟明视忽然想到了自己对弦高说的话：自己东征是来征伐滑国的。没错，既然郑国打不下，那就把滑国给打下来！滑国这种小国，要拿下轻而易举，又可以用打滑国来替郑国的功，实在是好计。于是孟明视将这个想法讲给了两位副将听，两个人无不表示出兴奋的神情。就这样，郑国逃过一劫，滑国却即将惨遭灭顶之灾。

孟明视做出这个决定后，立即兵分三路，自己领一军，由西乞术和白乙丙各领一军，团团围住滑国都城。滑国是比郑国还小的国家，哪能抵挡得了秦国这样的大军降临。结果，没花太多的功夫，秦军便顺利攻进了滑国，滑国国君被迫逃亡。无辜滑国，就这样作为代罪羔羊，从此消失在春秋时代的地图上。

秦袭郑灭滑一战，虽说意义不大，却也让我们看到了孟明视此人所拥有的潜在力量。他审时度势，灵巧机变，却又果决刚毅，勇猛向前。这些是一个成功将领所应该具备的品质，而他都拥有了。看来，在百里奚老了以后，他的儿子代替他成为秦国的主心骨，也不是不可能的。

当然，孟明视虽然拥有了当一个将领的资格，但是，比起他的父亲，他还是缺少经验。而年轻气盛的他也必然要经历一点失败，非此，又如何能挫挫他的锐气？当孟明视为灭掉滑国而自豪时，他却不知道前面有深渊正在等着他。

当孟明视班师回国时，他们再次来到了一个地方。这是一座险峻的山脉，主峰达一千八百五十米。遍观这一山脉，只有一条狭窄的通道，这通道最多可容一辆战车，依傍着万丈深渊，盘旋曲折。秦军要回国，必须从这条通道走过。

巍峨的高山和惊险的山路映入了孟明视的眼里，孟明视感到奇怪，之前出征的时候路过无觉大碍。但经历过弦高之事后，仿佛一切都变得没那么顺利了，这座山在这个时候忽然变得比来时更加可怕。此时正值春季到来，天气还未完全回暖，一阵冷风从山间吹出，好像魔鬼的呼唤，孟明视在这阵风里隐隐约约地听到了出军时蹇叔的话："必死是间，余收尔骨焉！"

孟明视颤抖了。

出师未捷陷囹圄

孟明视灭掉滑国后，带领着秦军浩浩荡荡地返回秦国。孟明视只在意秦军什么时候能赶回秦国报功，却忽略了这个时候他们正踏在晋国的土地上。所谓螳螂捕蝉黄雀在后，孟明视自以为灭了滑国后便可以安心地回家，却不知晋国此时正在背地里悄悄地讨论着一个阴谋——怎么灭了这支军队。

当时晋文公去世还没有半年，秦国便如此嚣张地踏上自己的国土，且征讨的目的地还是自己的盟国郑国，这无疑是在对自己的霸主地位叫板。秦穆公此举实在令晋襄公和他的一班臣子们难以忍受。

当时晋国反秦最激进的大臣是先轸。先轸一直都将秦国作为心腹大患，只是晋文公在世时总是以接受过秦国帮助为借口，不愿和秦国公开作对。现在晋文公刚死，秦穆公便露出了他真正的心思，想要来抢晋国的霸业了。是可忍孰不可忍，晋国再忍让下去，只怕辛苦经营的霸业就要拱手让人了。

于是先轸来到晋国新君晋襄公的身旁，当着他的面斥责了秦国的贪念，并希望晋襄公能趁这个大好机会伏击路过的秦军。先轸只是作为一种声音，在晋国里，并不是所有大臣都仇秦的。当时晋国六卿之一的栾枝便和先轸持有不同意见，他认为晋文公不愿以怨报德，而晋襄公应该秉持先主的遗愿。

栾枝这种仁义之说在乱世里是很虚的。当然，身为一个将领，他自然也不会太沉溺于宋襄公般的仁义，栾枝这话不过提醒了晋襄公，要打秦国必须有个借口，无名而出兵对于晋国的霸业只怕有害。

先轸也明白这点，这时他为晋襄公提出了几点可作为攻打秦国的理由。其一，秦穆公作为晋文公的岳父，没有参加晋文公的丧事，甚至还在为晋文公办理丧事时便私自踏上晋国的土地。其二，秦穆公的出兵对象是郑国，而郑国可是晋国的同姓国（姬姓）兼同盟国。

先轸列出了这两点，便不怕出师无名了。而晋襄公也比较倾向于先轸的言论，毕竟要报恩的是晋文公而不是他。再者，秦穆公的行为已经算是半公开地和晋国叫板了，晋襄公又怎么能忍受他欺压到自己头上了。因此，晋襄公决定这次要给秦国收收过路费，于是他正式下令：先轸统军，伏击秦军。

先轸接受军令，开始击秦的准备。他联合姜戎，令晋军和姜戎士兵埋伏在崤山的隘道，待孟明视领大军路过之时，伏兵一出，将秦军杀个措手不及。晋襄公也是好样的，他为鼓舞士气，亲自上战场督军。战场上的士兵们看见穿着丧服的晋襄公，在感慨文公昔日的霸业时，也为新君主的英明而感到欣慰。晋襄公此举令晋国士兵士气大涨，个个已经做好了让秦军有来无回的准备。

晋军准备已定，只等着孟明视这只狼擅入虎口。

孟明视领着军队来到了崤山地带，一眼望去，群峰巍峨，道路险峻，副将西乞术告诫孟明视必须小心行军。孟明视望着眼前险恶的地势，自然也有几分害怕。只是身为主将，如果不挺起胸脯，那不是要所有士兵都跟着你弯下腰去？因此孟明视虽心有恐慌，也只得硬撑起信心十足的笑容，励志般地向士兵们宣称：秦军之强悍，不惧一座山！

秦兵在主将的激励下也多少拾回了信心，反正之前来时已经走过一回了，还在乎多走一回？士兵们个个昂首挺胸，不愿意露出任何畏惧的神情。可怜的秦军，却不知前面有多大的危险在等着自己，而这块土地也将成为自己的葬身之地。

当孟明视领着秦军谨慎地进入晋军的埋伏圈时，忽然轰隆一声，紧随着一阵大石滚动的声音。孟明视抬头一看，忽见一块大石沿着山滚动而下，直砸进秦军的前军。秦军被这突如其来的袭击吓了一跳，士兵们立刻慌了阵脚，你推我攮，慌乱之下怎么也逃不出这条山道。

就在秦兵慌乱的时候，更多的大石随后而来，纷纷砸进了秦军的队伍里。秦兵的血流满了整条山道,春天的清新瞬间被一股腥臭味给驱赶了出去。被困于此的秦兵们喊的喊,哭的哭,跑的跑,在这般鬼哭狼嚎之下,天地好像也开始动摇了起来。

与山道的暗红血液相衬,秦军头顶上的天色忽然暗淡下来,抬头一看,只见密密麻麻的箭镞掩盖了整片天空。充满力度的箭镞纷纷射进秦兵的身体,秦兵血液喷溅,好似山谷里怒放的红花。

随着箭镞而来的是晋军的喊声,只见山路两头杀进了无数的晋兵,像一群饥渴难耐的野鬼,啃噬着秦兵慌乱的心灵和颤抖的血肉。

再也没有一条路能逃。在这突如其来的袭击中,整个山道溅满了秦兵的血,铺满了秦兵的尸体。当秦后人回忆起这段历史时,他们无不难受地叹口气,摇着头沉重地说:没有一个人能回来。

也不是没有一个人能回来,或许是因为先轸的命令,晋兵们没有一个人将他手中的武器往孟明视三位大将身上刺去。结果,秦军全军覆灭,唯独主将孟明视,副将西乞术和白乙丙三人被生擒到晋国。

这是发生在秦穆公三十三年(前627)的崤之战,也是秦晋争霸的首次一战。崤之战中,秦国轻启兵端,孤军深入,千里远袭,最终以全军覆灭而告终。崤之战的发生并非偶然,而是秦晋之间利益矛盾激化到无可避免的后果,它意味着联系秦晋之间的

"秦晋之好"已经成为历史，接下去，摆在两国之间的将是赤裸裸的决斗。

崤之战大败后，孟明视等三位大将被晋兵生擒到晋国。在路上，当孟明视回忆起跟随自己的士兵们在崤山之上遭难的情景时，当他回忆起这些士兵的血溅得自己的眼睛模糊时，他整颗心像被绳子给缠住似的发痛。这是他第一次大败，因为自己的大意，因为自己的自负，所有的士兵们便从此再也回不到他们的国家，从此再也见不到他们的亲人。对于这样的后果，自己还有何脸面回去见穆公，还有何脸面回去见父亲，还有何脸面回去见秦人？

孟明视、西乞术和白乙丙三人彼此对望着，都看出了对方眼里透露出的惭愧。囚车颠簸在晋国的土地上，两边的晋人以胜利者的姿态看着这三个人。孟明视心里感到异常的难堪，这种难堪最后转变成愤怒。他以眼色暗示了西乞术和白乙丙：这次的仇恨一定要报，要让晋人知道秦人并不是好欺负的！

孟明视崤山兵败的消息传回了秦国，秦人一听到这次大败的消息，整个国度瞬间笼罩上一层阴郁的氛围。而秦穆公那时刻为之悬着的心更在此刻重重地坠了下去，好像被一块重石拉着，硬要将它拉入深渊之中。败了，败了，而且是全军覆灭，秦穆公全身颤抖着，责怪自己当初不听蹇叔和百里奚的劝告，事已至此，都是自己的罪过。

痛心的秦穆公后悔不已，向蹇叔和百里奚表达了自己的歉意，然后叫人做了上百套丧服，给自己和百官们穿上。他要祭拜死在崤山的所有将士，他要乞求他们的原谅，希望他们原谅自己的焦躁。要不是自己称霸心切，又如何能造成这样惨痛的结局。同时，他也发誓要为死去的将士们报仇，他希望有朝一日手刃晋兵来慰藉秦兵的在天之灵。

秦国这次是败了，但孟明视等三位大将还没死。所谓留得青山在不愁没柴烧，只要孟明视他们还在，只要秦人还在，有朝一日，他们会将今天所遭遇的一切回报给晋国的！

孟明视回家了

孟明视等三位秦将被收押在晋国的牢狱里,连他们也不知道自己的命运将会何去何从。先轸这个人对孟明视这三人好像很仇视,一直令守牢士兵们好好看紧他们,绝对不能让他们有机会逃回秦国。看来,在这重重监禁之下,孟明视三人已经回不去秦国了,那么复仇的想法,又怎么去实现呢?

天佑秦国,虽然秦晋之间的关系已经决裂到不可能重塑"秦晋之好",但是,以前留下的"秦晋之好"还存在着影响。

当年秦穆公将自己的女儿嫁给了晋文公,是为文嬴。文嬴是晋文公的正妻,即使晋襄公不是她所生,却也必须敬她几分。当时,文嬴一听到秦国败于晋国,也是惊吓之余带些悲伤。自己虽然身在晋国,毕竟也是在秦国长大的。因此对此大败,文嬴希望能为秦国做点什么。

这时,文嬴听到了孟明视三位秦将正被晋国关押在牢狱里,她忽然想起当年晋惠公之所以能被放回，也是因为他的姐姐是穆公的妻子，穆公看在妻子的面子上才放回了晋惠公。这段历史给了她一个参考，既然穆公能看在妻子的面子上放回晋惠公，那晋襄公又怎么能拒绝自己这个母后的请求，而一味地拘留孟明视呢？

想到这里，文嬴立即往见晋襄公，准备和他谈谈孟明视三人的事。

文嬴见到晋襄公后，对他说："彼实构吾二君，寡君若得而食之，不厌，君何辱讨焉！使归就戮于秦，以逞寡君之志，若何？"（《左传》）这话的大致意思是说：孟明视这几个人为了争个功劳，竟然搞得秦、晋不和，秦穆公对他们一定怀恨在心，这样，倒不如放他们回去，自然有穆公来惩罚，又何必让晋襄公亲自出手。

真不愧是秦穆公的女儿，连一个请求都说得那么拐弯抹角，说得那么有艺术。文嬴在话中没有直接表示希望晋襄公放了孟明视三人，这是因为她要避嫌，因为她不希望在晋国落下一个把柄，让人们说她这个媳妇是向着娘家的。因此她用这种暗示的语言来命令晋襄公，她知道晋襄公听得懂。

晋襄公不是傻子，他怎么能不懂文嬴的意思。文嬴是自己的嫡母，自己怎么好意思忤逆她？再说，晋襄公也不觉得把孟明视这三个人留在这里有什么意义。在晋襄公眼里，这三个人并非将才，自然不会对晋国造成大的威胁。因此，既然嫡母都开口了，那自己答应她这个无关痛痒的请求又有何不可？

就这样，因为晋襄公的大意，孟明视等三人有幸被释放了。这三个人被放出晋牢后，生怕夜长梦多，急忙连夜准备逃回秦国。

看来，秦穆公当年的婚姻安排还真有点用。当年穆公将连同文嬴在内的五个女子一起送给了晋文公当妻妾，目的也无非希望在晋文公的后裔里有自己的血统。虽然继位的晋襄公让穆公的这种血统期望失望了，但文嬴的地位倒也在孝义方面为秦国提供了一个便利。由此，穆公真不失为具有远见。

当孟明视等三人被释放的消息传到了先轸耳里时，这先轸就着急了。他急忙跑到晋襄公身边，朝着襄公耳朵大声地斥骂他："武夫力而拘诸原，妇人暂而免诸国。堕军实而长寇仇，亡无日矣。"（《左传》）意思是：费了士兵们多大力气才抓回的武将，却因为一个老妇人的话就被释放了，这真是灭自己威风而长他人气势，看来晋国亡国不远了！

先轸的话明显是夸张了点，放了三个秦将就要亡国，这是哪门子理论？不过，夸张归夸张，先轸的话倒也不是没有意义。孟明视被释放，一来秦人会认为文嬴在晋国的影响力大过晋襄公，从而使秦人产生小视晋人之意。二来也无异于放虎归山，虽然孟明视和他先轸比还有一大截距离，但先轸在老去，他孟明视在成长，何况孟明视已经在晋国摔了一跤，有了经验的他在重新踏上晋国土地时必定会更有胜算。

先轸这样给晋襄公算了一下后，襄公忽然觉得好像真有那么一回事，于是后悔不已的他立即向先轸道歉。晋国历史走到这里，卿大夫的地位已经渐渐爬到诸侯的头上了。

深感自己犯了错的晋襄公，在向先轸道歉后立即派出臣子阳处父快马加鞭地前往追捕孟明视等三人。阳处父得到晋襄公急召，一刻也不敢停止，立即备好马车，往西赶去。

待阳处父追赶到黄河边上时，他看到了孟明视等三人已经乘着秦国准备好的船缓缓而归了。阳处父明白用硬的叫回他们是不可能的了，他必须想个好办法将他们骗回来。这时候，阳处父忽然心生一计。他解下马车右边的马，大声地对着黄河上的船喊着，说这马是晋襄公送给孟明视的，希望他能折回来领走。

阳处父自作聪明，孟明视又岂是傻子？一匹马就想诱他回去，孟明视要真的上了这种当，才真的无脸回去见秦人。面对阳处父的呼唤，孟明视做了一个揖，对阳处父回复道："君之惠，不以累臣衅鼓，使归就戮于秦，寡君之以为戮，死且不朽。若从君惠而免之，三年将拜君赐。"（《左传》）这话的意思是感谢晋襄公将自己放回去送给秦穆公自行裁夺，如若秦穆公像晋襄公一样宽宏大量，饶三人不死，那么三年后，三人定将回来报答晋国的恩典。

这话的表面意思是这样的，暗中包含的意思却是有朝一日定回晋国报这个血海深仇。看来，孟明视临行前的这一个揖不仅仅是给阳处父的，还是给整个晋国的。追不回孟明视的阳处父只得回去向晋襄公报告这事，晋襄公一听孟明视这话，也有了几分担忧。

小船带着秦人的期盼缓缓地驶过黄河，孟明视三人看着熟悉的国土渐渐地出现在自己眼里，兴奋之余也带着几分愧疚。等会儿见到了穆公和父亲，见到了曾对自己寄予希望的众人，又该说点什么呢？

孟明视三人一边担忧着一边往城里走去，走到了城门口时，他们看到了一整排穿着黑色丧服的人在迎接着他们。其中有一个人正缓缓地向他们跑来，待这个人一跑近，孟明视才看出原来这正是秦穆公。孟明视三人望着年迈的穆公，一股热泪顿时涌上眼眶，他们二话不说便跪在了穆公脚前，希望穆公原谅自己的过错。

穆公望着跪在前面的三人，早已是老泪纵横。他扶起孟明视三人，懊恼地对他们说："孤违蹇叔以辱二三子，孤之罪也。不替孟明。孤之过也，大夫何罪？且吾不以一眚掩大德。"（《左传》）

秦穆公将这次过错都推到了自己身上，他认为是自己不听蹇叔所言，才使得孟明视三人有此大败。穆公此举，令人感动。一个君王能做到这样，又何愁不成功？

孟明视三人听秦穆公这样说，见穆公非但没有怪罪自己，反而将自己的错都揽到他一个人身上，顿时觉得眼前的这个老者是这般伟大。同时，望着穆公那充满慈爱的眼神，孟明视等人又觉得眼前的这个老者如即将离自己远去的父亲一般，令人怜爱。他们忽然想起临出兵前自己的父亲是如何劝谏自己的,看来,老人的话自有他的道理。

孟明视三人为穆公的宽宏大量而感动,同时也因为这份宽宏大量而更感惭愧。君臣在雍城城门口相拥而泣,相互慰藉。从这个时候起,孟明视三人便暗中发誓:自己一定不负穆公。

两年后(前625),孟明视带着这份愧疚再踏上晋国的国土,那么结果又该怎样呢?孟明视能报得了这个仇吗?

我来"还恩"了

秦穆公三十三年（前627），秦国在崤之战中败给了晋国，两国从此断绝了来往。作为崤之战的秦军主将孟明视，因此战而备感惭愧。后来，在秦穆公的激励下，孟明视和他所带领的士兵们重拾信心，在两年后又重新来到晋国的边界，为实现他当初在黄河上的诺言——"将拜君赐"。

崤之战大败后，孟明视、西乞术和白乙丙三人吸取了第一次自负轻敌、贸然行动的教训，在百里奚等老臣的教导下，努力地研习兵法、训练部队。两年的时间在充实的训练中过得很快，孟明视三人的身体越发强壮，军法也越发精通，而他们所训练出来的士兵也一个个精神饱满，身强体壮。

在这一番训练过后，秦国军队无不士气高涨，都渴望着和晋军一战，以报两年前死在晋军手下的兄弟们的仇。孟明视也一直惦记着这件事，渡过黄河打败晋军，这不单单是复仇的问题，更重要的还是重扬国威的问题。可是虽然孟明视有这个心,却也不敢像第一次那样冲动。这种情况下,自己在秦国做好准备是必需的,同时,他还在祈盼着晋国里有一个人能死去,这个人就是先轸。

崤之战中孟明视就是败给先轸,而之后他困在晋国里,若是先轸时刻在晋襄公身旁,只怕他也没机会逃出晋国。因此先轸一直都是孟明视的心头大患。而先轸作为前辈,在军事上的造诣又远比自己高,有他在的一天,孟明视绝对没有机会进入晋国的大门。

或许是上天听到了孟明视的心事,不然,怎么会有这么好的消息传到秦国:先轸死了!原来在这两年间,先轸一直为那次当面斥责主君晋襄公而感到悔恨。因此,为解除自己心中的不安,先轸在一次和狄人的战斗中,脱掉了头盔直入敌军,最终战死。

先轸的死让孟明视松了一口气,他知道自己苦苦等待的机会终于来了,这一年,他要让晋国重新认识他孟明视。

孟明视做好出军的准备,然后向秦穆公请战,意在报崤山之仇。穆公见士兵们情绪高涨,孟明视也更有担当,遂表示出对这次东征很大的支持,希望孟明视能不负他的期望。孟明视感谢穆公可以再给自己一次机会,在给穆公保证过后,他便领兵出发了。

孟明视领兵来到了秦国西部的彭衙(今陕西白水东北),在这边遇上了晋襄公亲率的晋军，两军遂在此对峙，准备开始一场阔别两年的重逢战争。

两军列阵后，晋襄公派出大将狼晖率领他的部下首先冲入敌阵。在狼晖极具猛势的首发后，随之而来的晋兵发出惊天动地的呐喊。声音直入云霄，令秦军感到胆寒。面对攻击力如此强大的晋军，秦军士气再高涨，也终究抵挡不住，最终只好宣告败退。

这是继崤之战之后的秦晋第二次争霸之战，史称彭衙之战。彭衙之战作为崤之战的延续，最后仍旧以秦军失利收尾。虽然孟明视在这次战争中又失败了，但是，在这次战争中，孟明视没有犯任何低级错误，明显比崤之战中的表现好了很多。虽然如此，孟明视还是不能原谅自己的又一次失败，此时的他真是惭愧得无地自容，他不再指望秦穆公能免他的罪，他甚至将自己关上了囚车，让士兵拉着他回到秦都，让穆公定罪。

可是，如同第一次原谅了孟明视一样，穆公再次原谅了他。阅历极深的穆公明白，老在顺风里驶船的船夫并不一定就是好船夫，要经过大风大浪，甚至翻过船才有可能成为一个有担当的好船夫。穆公这样勉励了孟明视一番，仍将军队交给他统领，并希望他与其一味地感到愧疚，倒不如好好找找自己身上的问题，再接再厉，从而实现自己的报仇心愿。

秦穆公对孟明视的屡次原谅，一方面表现了他的爱才之心，另一方面，穆公也明白此时的秦国正是称霸的关键时刻，失去任何一个将领都会是一个大的损失。因此，穆公宁愿选择相信，也不要选择放弃。

面对秦穆公对自己的信心和支持，孟明视再次将惭愧化为动力。较之第一次，孟明视更加认真。他开始在自己身上寻找问题，他明白自己在军事指挥上仍有所欠缺，训练军队和作战方式也并不完美。为改正这些缺点，他在熟读兵法的同时，开始像他父亲一样，深入到士兵之间，了解并关心他们的生活。他这种与士兵有福同享、有难同当的精神感染了整个军队，结果比起训练更加成功地凝聚了士兵们的心。在士兵们的眼里，他们的将军孟明视已经越来越有个人魅力，他们也因此越来越喜欢这个将军，并希望能和他一起出生入死，缔造辉煌。

就在孟明视训练着自己和士兵的时候，晋国却一直出兵骚扰秦国。当时出兵秦军的任务落在了先轸的儿子先且居身上。先且居统军后，便立即联合了宋、陈、郑三国一起出兵秦国。

面对先且居的挑衅，孟明视深知秦军还没做好应对的准备，因此坚决不出面。不管先且居再怎么诱惑，再怎么挑衅，孟明视都毫无冲动之意。最后，在先且居的领导下，晋军顺利攻下了秦国的两座城池汪（今陕西澄城西）和彭衙。对此，晋军纷纷嘲笑：原来这就是孟明视要来还的恩典。

即使如此，孟明视仍然忍着，如果机会到了，他自会出兵，可是此时还没到，他必须再忍。

对于孟明视"忍"掉了两座城池，秦国的一些大臣很不能谅解，纷纷向秦穆公指责称这个孟明视根本就是个胆小鬼，为什么要让他领兵。但是，秦穆公力排众论，他向大家表示了自己对于孟明视的信任，他相信孟明视终有一天会成功地打败晋军。

秦穆公三十六年（前624）的夏天，在低调了一年之后，孟明视终于再次来到了秦穆公的面前。这次，他希望秦穆公能亲自挂帅统军，并发誓这次如若再不败晋军自己将不回秦国。秦穆公被孟明视的坚定感染了，于是他命令给出征的军队五百辆兵车、装备精良的兵器和充足的粮食，又拨给出征兵士家属粮食和钱财，以解士兵后顾之忧。

准备好一切后，秦穆公和孟明视亲率着大军，浩浩荡荡地直逼晋国而去！

这支情绪高昂的军队往东渡过了黄河，孟明视下令士兵将渡河的船一概毁尽。看来，这次孟明视是下了十足的决心了，他要背水一战，他要让秦人知道，事不过三。

在孟明视坚决精神的感染下，士兵们一拥而上，将渡河的船只用火全部烧尽。烟雾弥漫了整条河，这是在祭奠三年前死去的士兵们，也是在告诉晋人：你们的土地将如这黄河，消失在黑暗的烟雾之中。

秦穆公为主帅，孟明视做先锋。在孟明视的指挥下，秦军奋力拼搏，直冲入晋军之中。如入无人之境的秦军在晋军中往来驰骋、为所欲为。晋军见秦军像换了一群人似的，跟以前截然不同，面对这种天兵般的英勇，晋军纷纷败下阵来。就这样，秦军在孟明视的带领下，一路势如破竹，非但收回了被先且居抢走的两座城池，更是反客为主，将晋国的城池王官（今山西闻喜南）、郊邑（今山西闻喜西）毫不客气地收入囊中。

晋军见秦军来势汹汹，只得坚守不出。孟明视难以再进，便南下自茅津（又名陕津、大阳津，今山西平陆西南黄河渡口）南渡黄河，进抵崤山。来到崤山后，秦军想到了三年前死在这里的兄弟，无不感到哀伤和愤怒。孟明视令士兵们掩埋掉死在崤山的秦兵尸体，并在此立起标志，祭奠三年前的失败，纪念今年的胜利。

这是继崤之战之后秦晋的第三次争霸之战，史称王官之战。王官之战中，秦军终于报了以前的两次败仗之仇，孟明视在此战采用的"济河焚舟"战术，为后来《孙子兵法》"投之亡地然后存，陷之死地然后生"的战术理论，提供了实践依据。也因此战的大胜，孟明视的名声从此响彻大地。当然，更为重要的，秦军在王官之战中的胜利，使得晋国的霸主地位开始产生了动摇。而秦军也因这次大胜而收降了许多闻风而降的部族和小国，使得自己的威望在西方诸戎和东方众诸侯中都有了一个大的提升。

秦穆公虽然对晋大胜了，但还不能成为霸主，要入主中原，穆公不彻底突破晋国是不可能的。可是面对秦国的进犯，晋国却始终保持坚守态势，坚定地遏制住秦穆公东进的野心。面对晋襄公如此果决的态度,秦穆公对于晋国也难以再突破一分。这种情况下,秦穆公将眼光转回到了西方,在这块秦人发展的基业之上,仍然布满了许多不服从秦国统治的戎狄国家。要让自己的西方霸主之名成为现实,他就必须解决掉这些烦人的小鬼。

秦穆公是霸者

秦穆公三十六年（前624）的王官之战奠定了秦穆公作为西方霸主的地位。但是，即使在大西北，秦穆公都没办法做到说了算。当时西北的土地上生活着许多戎狄部族，时常侵扰着秦国的国土，令秦人不堪其扰。秦穆公必须想办法解决这些问题。

在秦穆公的早年，他花了更多的心思在东方的诸侯国上，因此无暇顾及西方的戎人。王官之战后，晋襄公下令全国封锁，彻底遏制秦人东进的势头。面对晋国的封锁，秦穆公已经难以再往东发展，而自己又步入了晚年，这种情况下，穆公只好将眼光收回到西方，先解决了戎人再说。

当时在西戎里有一个较为强大的部族叫作绵诸，当年秦穆公即位时，绵诸王便派出由余前来窥探秦国的虚实。只是聪明反被聪明误，绵诸王最后中了秦穆公的计，将由余送给了秦国。从此，由余便留在秦国管理戎人的事务。

王官之战后，由余也看出了秦国无法往东进展的局势。而在他多年对戎人的观察后，他知道此时秦穆公已经完全有能力征服众戎。正值穆公的霸业刚登上顶峰，戎人对之也有几分畏惧，因此，这时候是对西戎出手的最好时机。

这样分析后，由余便往见秦穆公，向他提议改变战略方向，暂缓对晋战略，而转为加紧对戎战略。由余的提议正中秦穆公的心，于是秦穆公令由余全权负责伐戎事务。

西戎部族之多，想要一网打尽并不容易。所谓擒贼先擒王，秦国想到征服诸戎，就必须先将戎人中最有威望的那一个部族给拿下。而这个部族正好是由余的老东家绵诸。

绵诸大概是自西周末年由西往东迁移到今甘肃，后定居在今天水地区。由于绵诸在诸戎人中和最早的秦国都城秦亭靠得最近，因此它一直都和秦人有着密切的来往。而对于绵诸，生活在那边多年的由余再熟悉不过了。不论是它的地理，还是它的君王，由余都早已掌握透彻。因此，对于征伐绵诸，有了由余，秦穆公便放了一百个心了。

秦穆公三十七年（前623），带着秦穆公的期望，由余作为秦军的顾问，带领着秦军，再次踏上了他的故土。

由余重新回到了绵诸这块土地，望着眼前这熟悉的景象，他想起自己为这块土地付出了多少心力，却因为绵诸王的多疑，而致使自己不得不离开家乡，顿时感觉委屈。所幸遇上穆公这样贤明的君主，自己才能在他国得以一展所长，实现毕生抱负。想到这里，由余发誓要将这块土地收过来送给秦穆公，他相信，绵诸在穆公的管理下，将会有更好的未来。

因为这种信念，由余带着秦军直入绵诸。当时的绵诸王听说秦军来袭，立即调兵遣将准备迎击。可是秦军的速度之快，令绵诸兵士措手不及。很快，秦军便成功突破了绵诸的防线。绵诸王得知秦军已经成功入侵，王宫四周也被秦军团团围住，知道大势已去，自己已经逃不出了。这种情况下，绵诸王只好放弃抵抗，降于秦国。

绵诸王被俘的消息传遍了整个西戎，紧接着，秦人侵入的消息也随之而来。西戎各部族见秦人势头正劲，而自己当中最强大的绵诸王也都失败了，因此也就不再抵抗，纷纷接受了秦军的招降。

就这样，秦军从出兵到现在不出一年的时间，便成功降服了二十多个戎狄小国。秦国国界也因此往南扩至秦岭，往西直达狄道（今甘肃临洮），往北伸至朐衍戎（今宁夏盐池），往东进驻黄河，史称"益国十二，开地千里，遂霸西戎"（《史记·秦本纪》）。自此，秦国的名声在大败晋国后又一次威震了天下。

秦穆公灭戎之战，奠定了穆公在西北的地位，鉴于此，周襄王令人给穆公送来了金鼓当作祝贺之礼。其实，这金鼓便意味着周襄王已经正式承认了秦穆公的西方霸主地位。

秦穆公当上霸主了，虽然只是西方霸主而已，但也算是实现了自己百分之八十的目标，距离中原霸主只差一步之遥了。穆公望着金鼓，感慨万分，自己勤恳奋斗了几十年，其他国家的君主都换了好几届，就自己这条老命还一直舍不得离去，现如今，自己终于能拿个霸主的头衔，也算不辜负自己的辛劳了，也算不辜负先祖的期望了。

年已老迈，穆公知道自己不能再和别人争什么了。当一丝温暖的阳光普照大地时，穆公带着他安详的满足神色向世人告别而去了。秦穆公去世的消息传遍了整个秦国，整个国度顿时笼上一层深深的哀愁。国人们为这个仁义之君的逝去而悲痛万分，特意作了一首诗来纪念他。该诗名为《黄鸟》，其中有一句："彼苍者天，歼我良人；如可赎兮，人百其身！"如果可以赎回穆公，那我们愿意用一百条命来换啊！秦穆公在秦人的眼里分量之重，可见一斑。

秦穆公三十九年（前621），一代贤君秦穆公去世了。他上位前，秦国还不能欺压晋国一丝。他去世后，秦国已经爬上了西北的高峰，并让晋国尝到了秦人的力量。

虽然秦穆公为秦国的发展做出了如此大的贡献，但是后人对于秦穆公的霸业却时常颇有微词。他们认为穆公根本没有齐桓公和晋文公那样号召诸侯的力量，不足以称为霸主。但是，这些批评都忽略了一个事实：在秦穆公时代，秦国根本不能和齐国、晋国相提并论。

齐、晋作为中原的老牌诸侯国，无论在威望上，还是在实力上，比起西北方刚发展起来的秦国来得更有分量。在这种情况下，穆公想发展，还得先看这些人的脸色，那又怎么能要求他必须得做到和这些人平起平坐呢？因此，穆公作为一个有为君主，他的贡献不可磨灭，他的霸业也应该得到承认——从他力所能及的范围来看。

不管后人怎么评价，秦穆公都安然地逝去了，而穆公留下的秦国又该何去何从？秦的后人在这方面确实应该好好规划一下，方不至于辜负穆公的一世之劳。

秦穆公死了，世界却还在运行。在穆公年间，春秋格局风云变幻。先是齐国的霸业正盛，后齐桓公的逝去让齐国几乎再无力争霸，倒因此拉上了一个宋国和一个楚国。宋楚争霸在齐楚争霸之后延续着春秋的战乱，在这期间，宋襄公勉强称霸，不久便在楚成王的干扰下遗憾而逝。楚国在南方的野心一直在膨胀着，可是中原诸侯更倾向于本地区的大国，而不是这来自外地的"蛮子"。因此，晋文公因运而起，遂接过齐桓公的霸主之位，再次统领中原各国。

晋楚争霸中，秦国作为晋国的坚实盟国，一直坚持着联晋抗楚的战略。可是崤之战彻底宣告了这种局面的破灭。取而代之的，秦国因和楚国有一样的目的，两国遂结盟，将目标一致对向晋国。因此，春秋格局到了秦穆公晚年再次转变，秦、楚联合抗晋已成定局。

其实，秦晋争霸之战中最大的胜利者既不是晋国，也不是秦国，而是在南方坐山观虎斗的楚国。历史已经将一个好的机会送给了楚国，而楚国也不辜负这种青睐，开始了它问鼎中原的历史。

至于秦穆公之后的秦国，接受了周襄王的金鼓之后，在西北已经确立起了它的威权。这之后，它准备再次找晋国开战，继续朝它理想中的东方大地而进。对于这一个挑战，晋襄公之后的晋国却很慷慨地将它迎接了过来。从此，秦晋屡起战端，彻底成了一对死对头，秦晋之好已成传说。

在和晋国争霸的路途上，秦国的未来一片迷茫，秦穆公的后人们还必须在摸索中前进。